PALABRAS MIGRANTES

Palabras migrantes:
10 ensayistas mexican@s de Chicago

José Ángel Navejas

compilador

El BeiSMan PrESs

PALABRAS MIGRANTES:
10 ENSAYISTAS MEXICAN@S DE CHICAGO

José Ángel Navejas, compilador

© 2018: José Ángel Navejas

© 2018: El BeiSMan PrESs

Corrección de estilo: Lydia González Meza y Gómez Farías

Formación: Franky Piña

ISBN 9781728700441

Pasajes de "La experiencia de un médico migrante" de Francisco González Crussí han aparecido en *Partir es morir un poco* (UNAM, 1996) y "El rostro de una muerte muy trivial", *Letras Libres,* septiembre 2014.

Imagen de la portada de Marcos Raya: *The Lady of the Millennium*, 1999, collage.

ÍNDICE

Introducción

Esta colección se plantea desde el inicio como una paradoja: ¿cómo ser mexicano y chicagoense al mismo tiempo? En el caso particular del escritor, esta es una paradoja doble: ¿cómo reconocerse miembro de una comunidad donde el idioma desde el que se enuncia no es el lenguaje de la población general?

José Vasconcelos escribe que, durante su labor como profesor visitante en la Universidad de Chicago, uno de sus grandes descubrimientos fue el silencio. El silencio, la soledad y la disponibilidad de una buena parte del día fueron responsables de que Vasconcelos pudiera retomar una obra que hasta entonces había dejado inconclusa, su *Metafísica*.

Las condiciones que hace casi 100 años le sirvieran a Vasconcelos para concebir una obra de abstracción pura, ahora, a los autores de esta antología, les sugieren algo completamente distinto. En lugar de la metafísica, lo que aquí encontramos es vida concreta. Presenciamos, en las siguientes páginas, un importante cambio de lógica respecto a la manera en la que el autor se relaciona con la lengua y con sus entornos. Más que elucubraciones y teorías, leemos aquí testimonios de desplazamiento, de supervivencia, de adaptación y de transformación, hilvanados todos desde la sensibilidad literaria y experiencias particulares de cada uno de los autores y autoras.

Esta muestra es, por así decirlo, un pequeño collage de la diversa comunidad mexicana que se ha establecido en Chicago desde hace ya más de un siglo. Es una muestra que es una continuación y un rompimiento. Si bien sus vínculos afectivos y lingüísticos la unen, hasta cierto punto, a la tradición literaria mexicana, su contenido pronto la niega.

A diferencia de la tradición literaria mexicana, que hasta fechas recientes había estado siempre delimitada por criterios de clase social, el nuevo movimiento literario en español de Chicago ha sido, desde su inicio en la década de 1990, un espacio más democrático. Esos seres que, en la imaginación de Samuel Ramos, conformaban una jungla urbana[1] y cuyo lenguaje lo desconcertaba, en Chicago se transforman o, más bien dicho, descubren su voz, validan su experiencia y se dignifican[2]. En la experiencia literaria de la comunidad mexicana de Chicago, mucho de lo que se ha visto con desdén en nuestro país de origen, se vuelve aquí la esencia misma de su obra: la persona transgénero, el indocumentado, la mujer abandonada, el

---

[1] Esta caracterización de Ramos dio lugar a que autores posteriores como Magdalena Mondragón, con una perversa inocencia literaria, bestializara y a la vez idealizara la vida de las personas de zonas de bajos recursos en las periferias de la Ciudad de México. Décadas después, en un intento por corregir dicha imagen, Elena Poniatowska haría lo propio, esta vez con un afán maternalista.

[2] En este sentido, la producción literaria de los autores mexicanos de Chicago tiene más en común con escritores como Ramírez Rodríguez, Fadanelli y Herbert que con los escritores canónicos de la tradición mexicana.

profesionista errante, el académico exitoso visto con recelo por sus compatriotas, el dramaturgo, el maestro de bachillerato, la profesora de idioma, el transeúnte en la ciudad y la intérprete ofrecen todos aquí una versión genuina y única de lo que significa ser escritor mexicano en esta urbe estadounidense.

¿Y qué significa escribir en español en Chicago? Para Carlos Monsiváis, que fue sin duda el autor mexicano quien más contacto tuvo con el naciente movimiento literario de esta ciudad, no era más que un desquicio, una moda pasajera, casi un suicidio intelectual. Si bien para Monsiváis escribir en español en este país se trataba de algo sin mérito ni futuro, para Octavio Paz era una especie de fatalidad. Más que ningún otro autor de su generación, Paz supo ver que el futuro de Estados Unidos venía preñado con la letra "ñ", algo que ahora ya es un hecho a todas luces evidente[3]. No obstante, en opinión de Paz, que en esto difiere de la mayoría de los autores que se han detenido en el tema, esa realidad le correspondía articularla no a los turistas intelectuales, sino a la población hispanohablante radicada de manera permanente en Estados Unidos. Después de todo, Paz hacía una puntualización clave: al mismo tiempo que estaba consciente de que existía ya toda una literatura en español escrita *en* Estados Unidos —concebida, casi en su totalidad, por intelectuales y académicos del mundo hispanohablante de paso en la Unión Americana—, la literatura en español *de* Estados Unidos sería, en su opinión, una literatura del futuro.

Esta predicción de Paz, pronunciada hace poco más de treinta años en la Universidad de Miami, una ciudad con una nutrida población hispanohablante incluso entonces, no es, en realidad, reveladora. Dejando de lado su atroz malentendido respecto a la

---

[3] Ver, por ejemplo, el artículo de Cristina Rivera Garza "Estar alerta: Escribir en español en los Estados Unidos hoy" (*Revista de la Universidad de México*, mayo de 2018).

realidad sociocultural, política y ontológica de los mexicoamericanos o "pachucos" —que es cuestión muy aparte—[4], lo que separa a Paz de otros autores mexicanos de oficio que se han ocupado de la condición del migrante es su falta de paternalismo y condescendencia. A diferencia de autores como Yáñez, Rulfo, Fuentes, da Jandra y Herrera, escépticos todos de la capacidad del migrante para elaborar una narrativa propia, Paz se limitó a señalar la inevitabilidad de una literatura en español *de* Estados Unidos para luego, en una muestra de gran prudencia intelectual, guardar silencio al respecto. Y es que, según lo plantea Paz, por mérito y derecho, esa literatura del futuro no podía pertenecerle a nadie más que a su sujeto histórico: el inmigrante mismo[5].

---

[4] Se podría conjeturar, de hecho, que la literatura chicana, que es ya en sí toda una tradición, surge en reacción a este malentendido de Paz.

[5] No sorprende la aparente generosidad de este planteamiento, de naturaleza liberal e incluyente, pues fue pronunciado ante una comunidad hispanohablante de Estados Unidos (entrega de Premios Letras de Oro en la Universidad de Miami, enero de 1987). Y, no obstante, viniendo de Octavio Paz, un autor de talante conservador, la idea de una literatura creada, hasta cierto punto, por algunos de los miembros más desfavorecidos de la sociedad no deja de encerrar una profunda contradicción. Recordemos, por ejemplo, que en *El laberinto de la soledad* ni la criada ni el obrero poseen ni voluntad ni voz propia, al contrario de lo que ocurre en la naciente literatura en español *de* Estados Unidos, donde dichas historias son, por lo menos en la obra de los narradores mexicanos de Chicago, su columna vertebral. No obstante, más que restarle mérito, esto añade una capa más de complejidad al pensamiento de Paz y hace del estudio de su obra una tarea más fascinante. Así pues, podemos deducir que Paz percibía, si bien de manera implícita, que los distintos valores sociales de México y Estados Unidos se transferían también al ámbito cultural: la tradición de la literatura mexicana posee una vena elitista y excluyente, mientras la estadounidense es más democrática y abierta. Por lo tanto, en Estados Unidos existen las condiciones y los espacios apropiados y necesarios para que incluso los grupos marginales puedan reflexionar sobre su experiencia.

Paz estaba consciente de que una literatura en español *de* Estados Unidos tendría que articularse, no desde la perspectiva del intelectual del mundo hispanohablante de paso en este país ni desde la de los descendientes de los migrantes. Esta nueva literatura necesariamente debería reflejar la experiencia de quienes han vivido en carne propia el destierro, la fatigosa jornada de la migración, la difícil estadía y la trabajosa asimilación a una nueva tierra y cultura: aspectos de la vivencia migrante ajenos tanto a la experiencia del intelectual de paso como a la de la segunda generación. Es por eso que, si bien los personajes de autores como Carlos Fuentes y Sandra Cisneros logran captar ciertas dimensiones de la vida migrante, lo hacen siempre desde extremos opuestos del espectro, pero no desde las entrañas mismas del dilema. Perciben la problemática del migrante desde la perspectiva del turismo intelectual o de una generación ya en tránsito hacia el centro de la sociedad estadounidense. Lo que no logran transmitir es la incertidumbre del migrante, la penumbra que lo envuelve, el limbo en el que está varado, preocupaciones que informan y permean buena parte de los textos de esta colección.

En sus respectivas contribuciones, Francisco González-Crussí relata su odisea de profesionista desterrado a padre soltero a patólogo distinguido; Mauricio Tenorio-Trillo escribe sobre su peculiar posición como profesor mexicano en la prestigiosa Universidad de Chicago; Febronio Zatarain desglosa la historia de la literatura en español de Chicago; Raúl Dorantes aborda temas existenciales del inmigrante desde la tradición taoísta; Olivia Maciel-Edelman, en busca de su hogar ideal como escritora, concluye que el idioma español es el hogar mismo; la contribución de Elizabeth Narváez-Luna es desgarradora y fluida, y oscila entre la prosa y la poesía; Carolina Herrera nos habla de las rupturas y enmiendas que son

13

tan comunes a todo migrante; Julio Rangel observa con agudeza episodios clave de la vida urbana en el transporte público; Franky Piña ofrece una conmovedora y desafiante confesión de una mujer transgénero y José Ángel Navejas reflexiona sobre la ironía de su destino como un eterno indocumentado.

Así pues, este tomo puede considerarse parte de una literatura menor por partida doble. No se trata tan solo, como Deleuze y Guattari lo sugieren, de un grupo marginal de autores escribiendo en un idioma mayor, sino también de una comunidad minoritaria en una sociedad de la que todavía no logran formar parte integral, reflejando así la condición natural del inmigrante en todo el mundo y en todo momento. Y, no obstante, el crecimiento de la comunidad hispanohablante en la Unión Americana es innegable, irreversible. En la actualidad, después de México, el país con la mayor población de hispanohablantes en el mundo es Estados Unidos. De tal forma, este volumen no se da en un vacío cultural. Todo lo contrario. Algunos de los autores que aquí aparecen son parte de un esfuerzo iniciado en la década de 1990 en el barrio de Pilsen[6], en Chicago. En conjunto, a todos los autores de este volumen se les puede considerar parte del inevitable fenómeno literario el cual Octavio Paz predecía y que yo en otro lugar he denominado como el Movimiento de Autores Latinoamericanos de Chicago[7]. Dicho movimiento debe entenderse, a su vez, como parte de una realidad mucho más amplia, un fenómeno literario en español que es ya

---

[6] Al no estar al tanto de este esfuerzo, en ciertas obras obras del turismo intelectual, el migrante mexicano residente de Pilsen aparece como un ente caricaturesco, enfrascado en una comedia que oscila entre la supervivencia básica y la confabulación de utopías políticas, pero nunca como agente de su propio destino y mucho menos autor de una narrativa propia y coherente. Ver, por ejemplo, *Mexican Chicago*, de Francisco Hinojosa (CONACULTA, 1999).

[7] Tesis doctoral en progreso.

evidente en todo el país, a pesar del hostil clima político actual en Estados Unidos.

La presente colección aparece, pues, en un momento histórico particularmente complicado para la población mexicana, no solo de Chicago, sino de todo el país. El clima antimexicano, que en Estados Unidos es un fenómeno cíclico, se ha afianzado de nuevo en el imaginario estadounidense a partir de la elección de Donald Trump. No obstante, sus raíces pueden rastrearse a ciertas medidas iniciadas bajo la administración de Barack Obama, que resultaron en la deportación de más de tres millones de inmigrantes, la mayoría de ellos connacionales.

Y, a pesar de la incertidumbre, que justamente emana de algunas de estas páginas, esta compilación se presenta como una forma de validación particular: no es ni protesta ni justificación; no es panfletaria ni busca congraciarse con las figuras hegemónicas de la literatura mexicana. Es, más bien, parte del esfuerzo de la comunidad mexicana de Chicago por comprender sus circunstancias particulares y explicarse a sí misma, sin mediación alguna y en sus propios términos. Tanto esta antología como la creciente obra literaria en español de Chicago hace que preguntas como "¿vale la pena escribir en español en Estados Unidos? " pierdan toda validez, si es que en algún momento la han tenido. Los autores y autoras de esta antología contribuyen a ella por el simple hecho de que existen, son, hablan y, sí, *escriben en español* en esta ciudad.

Esta colección, la primera en su clase —ciertamente en Chicago y probablemente en todo Estados Unidos— reúne a un grupo de mexican@s radicad@s ya de manera permanente y por varias décadas en una de las principales urbes estadounidenses. Como tal, representa también el esfuerzo conjunto de un grupo de autores ante una encrucijada sociopolítica. Son actores todos de un importante devenir, autores de su propia narrativa, agentes culturales en un momento de transición histórica, conscientes todos de sus circunstancias y su papel en el desarrollo y la evolución de una nueva cultura en este, un nuevo país de habla hispana.

José Ángel Navejas
Septiembre de 2018
Universidad de Illinois en Chicago

Francisco González-Crussí

Ciudad de México, 1936. Estudió medicina en la UNAM y se especializó en la anatomía patológica en Estados Unidos, con sub-especialización en patología pediátrica. Fungió como profesor de patología en la Escuela de Medicina de la Universidad Northwestern de Chicago y jefe de Laboratorios en el Hospital Pediátrico de Chicago hasta 2001. En el terreno literario, ha publicado once libros de ensayos en inglés y nueve en español. Su obra más reciente es *La enfermedad del amor* (Penguin-Random House, 2016). Su obra se ha traducido a 12 idiomas. Una de sus obras en versión italiana (*Organi Vitali,* Adelphi, 2014) ganó el Premio Merck en Roma, por combinar diestramente la medicina y la literatura. Fue traducida al español como *Tripas llevan corazón* (Universidad Veracruzana, 2012).

La experiencia de un médico migrante

Fue gracias a la dedicación y el sacrificio de mi humilde madre que yo, siendo un joven de extracción obrera, haya tenido la fortuna de estudiar medicina en México. Durante el curso de mis estudios, me di cuenta de que gran parte de los médicos mejor preparados y más respetados en el gremio habían obtenido entrenamiento en Estados Unidos. Quise emularlos haciendo lo propio. No sospechaba entonces que, una vez logrado este objetivo, mi propia patria sería incapaz de emplearme, como lo referiré más adelante.

Todo empezó el día en que me vi acomodado en el asiento de un autobús al lado de mi joven esposa haciendo una fatigosa jornada de varios días con rumbo a Estados Unidos. El hospital que había contratado mis servicios era una moderna clínica situada en el entonces pueblito de Colorado Springs, casi exactamente en el centro geográfico del estado de Colorado.

Las cosas que vemos al llegar a otro país son signos o símbolos que traducimos de acuerdo a nuestro sistema personal de creencias. Si las novedades corresponden a este sistema, nos sentimos reconfortados, y lo que vemos merece toda nuestra aprobación; si no, nos sentimos defraudados y las rechazamos como algo que simplemente no está bien. La impresión que me produjo mi lugar de destino no podía haber sido más pintoresca: un bello paisaje montañés con pinares de follaje verde y azulado, con bonitos chalets encaramados en el monte, más arriba un enorme y magnífico hotel de lujo que desde abajo se antojaba un castillo de cuento de hadas.

En el mundo actual, la fantasía y la realidad se confunden. En nuestro mundo kafkiano todos vivimos de mitos y el más poderoso mito contemporáneo es que hay un lugar donde todos los sueños se han materializado y todos los ideales se han encarnado, y que ese lugar se llama Estados Unidos de Norteamérica. Y, no obstante, al llegar a este país, mi condición, inclusive como médico, parecía contradecir dicho mito: así lo confirmaban tanto el salario que recibía como mi uniforme de interno, el atuendo del cuarto de operaciones que, siendo gratuito, fue el único ropaje que usé los dieciocho meses que serví en esa institución. Mi ingreso anual me colocaba muy por debajo de la *poverty line,* o sea, la cantidad que, en círculos oficiales, define el umbral de la pobreza. Eventualmente, y gracias a lecturas, conversaciones, comentarios recogidos aquí y allá, me di cuenta de que en Estados Unidos existía un sistema hospitalario que aprovechaba extensamente la labor de médicos extranjeros, hasta el punto que sin ellos hubiera colapsado.

Durante mi estancia en ese pueblo, una familia mexicoamericana, de la cual guardo entrañables memorias, nos ofreció su calurosa amistad. La señora de la casa, enterada de mi penuria, me manifestó con cierto orgullo que en su país no se permitía que nadie subsistiera de tan escasos recursos. Como ella trabajaba en una dependencia gubernamental, se las entendía a las mil maravillas en materia de trámites burocráticos. Me aseguró que no sería difícil conseguir un pequeño ingreso suplementario para mí. Después me di cuenta de que mi amiga me había tratado de conseguir la ayuda que el gobierno estadounidense extiende a los indigentes y desamparados. Mi solicitud fue rechazada, como era justo. Pero no deja de ser interesante que, en aquel tiempo, técnicamente, yo calificaba, como decía mi amiga, para recipiendario, o sea, miembro de la triste cofradía de los indigentes merecedores de las dádivas del Tío Sam.

El siguiente destino de mi peregrinación profesional me llevó al estado de Michigan. Una primera e imborrable impresión de esos días fue la uniformidad del paisaje. Me refiero al paisaje de manufactura humana. Dondequiera los mismos comercios, en locales de idéntica arquitectura, desplegando los mismos anuncios publicitarios que en reiterativo lenguaje proclamaban las virtudes de los mismos productos de costa a costa. En pueblo tras pueblo se veía el mismo escenario: aquí la gran M de McDonald's, allá el rectángulo amarillo de Shell, y más allá la casita de madera, como de ilustración de cuentos para niños, de la chocolatería Fanny May. Dejando aparte grandes contrastes climáticos o marcados accidentes orográficos, nada hay que delate si se está en el norte o en el sur, en las llanuras de Montana o en las apacibles colinas de Nueva Inglaterra. Empezaban a dibujarse en el fondo de mi mente esas preguntas que acosan a todo inmigrante, pero que adoptan cierto cariz peculiar en el inmigrante en Estados Unidos: ¿Dónde estoy? ¿A dónde voy? ¿Qué hago aquí?

Llegué a mi nuevo domicilio en el año de 1963 cuando empezaban las conmociones sociales que iban a alterar profundamente la personalidad de la nación estadounidense. Todavía entonces las ideas prevalecientes entre la clase media tenían un desesperante cariz monolítico, logrado por la efectividad de los medios de difusión masiva. La despreocupación, el burgués contentamiento y la ignorancia de las raíces de los males que aquejaban a la sociedad eran manifiestos entre las clases que debían suponerse mejor informadas. Doscientas mil personas desfilaron en Washington el 28 de agosto de 1963 en manifestación de solidaridad con la lucha por los derechos individuales; pero no oí ni un solo comentario al respecto entre los médicos con quienes me reunía en el comedor del hospital tres veces al día. El líder negro Malcolm X era oriundo del pueblo donde me encontraba, Lansing, donde viví por dos años. En febrero de 1965 cayó acribillado a balazos, hecho que los periódicos del pueblo publicaron en primera plana. Sin embargo, en el comedor del hospital la conversación de ese día versó sobre las cualidades de los automóviles Oldsmobile, de los cuales existía una planta armadora en el pueblo. Cuando traté de evocar comentarios sobre el notorio suceso, mi jefe observó, apenas de pasada, que se trataba de un conocido hampón. Años después, la historia de su vida, la *Autobiografía de Malcolm X*, escrita por él mismo en colaboración con el escritor Alex Haley, se convertiría en un gran éxito editorial en todo el mundo.

Si bien el aspecto social de mi nuevo hogar me preocupaba, mucho más apremiante era mi situación familiar. No hacía mucho, el nacimiento de mi primer hijo, que debió haber sido un gozoso acontecimiento sin sombra de tristeza, se había visto ensombrecido por circunstancias perturbadoras. Aproximadamente dos semanas después del parto, mi esposa empezó a dar muestras de extraños cambios de conducta: parecía confusa, sufriente y perpleja hasta el punto de desmoronarse emocionalmente ante las actividades más triviales del cuidado del bebé. De nada habían servido las clases de preparación antes del nacimiento; de nada, el hecho de que mi madre y mi hermana, en un generoso impulso espontáneo, y a su propio costo (que debió haber sido pesadísimo dada su situación económica), vinieran a ayudarnos a compartir las labores y el cuidado infantil en aquella difícil época. Mi esposa parecía distraída, ausente y de repente prorrumpía en llanto sin causa aparente o re-accionaba iracunda por motivos baladíes. Una mañana, la vi com-parar con insistencia la fotografía del recién nacido con la faz del niño. Profundamente agitada, declaró que había recibido otro bebé que no era el suyo. Meses después, hacia el fin de la visita de mi ma-dre y hermana, mi madre me abrazó tiernamente y me dijo: "¿Qué vas a hacer hijo? Que Dios te ayude". Para no aumentar su aflic-ción, a todo respondía yo con gran entereza y optimismo, tratando de minimizar la gravedad de la situación. En parte era simple pose y en parte genuina fortaleza de juventud. Tenía entonces menos de treinta años de edad y un fondo de energía que, visto hoy en re-trospectiva, no deja de admirarme. Me animaba el brío de la juven-tud, esa pulsación vital, indescriptible y maravillosa, que infunde arrestos para enfrentarse a las más espantosas calamidades con la confianza de salir victorioso.

Aun así, aquella experiencia me reveló, como ninguna otra lo ha hecho desde entonces, que la vida tiene aspectos sombríos, circuns-tancias impredecibles y desgracias que caen fuera de nuestro con-trol; que ni la juventud ni la inteligencia ni todo el poder del mundo nos pueden librar de los infortunios y desazones consubstanciales a la existencia; que la enfermedad, como la muerte, pueden deshacer de un solo golpe los planes más cuidadosamente elaborados. Y no sé por qué este mensaje de muerte me fue revelado al propio tiem-po que nacía mi primer hijo. Quizá para hacerme entender mejor que nacimiento y muerte, principio y fin, germinación y extinción, son, en última instancia, simples divisiones que convenientemente hemos ideado para lo que es, en realidad, un proceso continuo e indiviso: la misma cosa.

A las deplorables condiciones de mi vida privada se sumaban preocupaciones de trabajo. El hospital de Michigan era inferior al de Colorado como sitio de entrenamiento. Era un hospital comunitario sin un verdadero programa de enseñanza. Pronto resultó evidente que perdía mi tiempo. Me deprimía pensar que había venido de tan lejos con la idea de mejorar mi entrenamiento profesional, tan solo para llegar a un hospital que, desde el punto de vista académico, era inferior a las mejores instituciones de mi propio país. ¿Para qué, entonces, emigrar? Mejor hubiera sido quedarme en mi patria. Era lógico pensar de esa forma, pero había realidades económicas que me impedían repatriarme.

Y así, me sentía frustrado al verme en un hospital de segundo orden, desprovisto de los avanzados recursos tecnológicos que aspiraba a conocer. Con todo, era una gran cosa poder estudiar y concentrarse sin las zozobras y limitaciones propias del subdesarrollo, lejos de las humillaciones y de tantas penosas distracciones a la que mi ambiente familiar me exponía en aquella perpetua lucha por sobrevivir. Me consideraba afortunado por tener fácil acceso a las fuentes de información. No faltaban los libros, las revistas, los medios educativos, los cursos y conferencias de actualización, todos de excelente calidad. Usé tan bien estos recursos, que mis jefes quedaron muy impresionados. Cuando se presentó la oportunidad, no dudaron en recomendarme para terminar mi entrenamiento en un hospital universitario. Había logrado, al cabo de tres años, lo que otros más afortunados que yo hacían desde el principio.

Después me trasladé al estado de Florida, donde la salud de mi esposa parecía haberse restablecido por completo. Transcurrieron dos años durante los cuales completé mi entrenamiento, adquirí el diploma que me certificaba como especialista en patología y me dispuse a regresar a mi país. Poco antes de que expirara el visado que nos permitía permanecer en Estados Unidos, hice un viaje a México en busca de empleo.

Triste experiencia. Busqué primero a mi antiguo profesor X. Lo encontré tan caballeroso y cortés —y tan distante— como antes:

—¡González, qué gusto de verlo! Cuénteme cómo le ha ido. ¿Su señora madre, su hermana, cómo siguen?

Le expuse a toda prisa mis principales experiencias, mis planes, mis deseos de reintegrarme al país. Siguió en embarazoso silencio. No hubo ni siquiera una pregunta sobre cómo pensaba mantenerme. Esperaba que mi antiguo mentor aparentara por lo menos una ligera desazón por no tener cabida para mí en su departamento. Un "siento mucho no poder ofrecerle empleo, pero desgraciadamente por ahora no existen plazas disponibles". Pero nunca hubo nada de eso. La conversación se mantuvo en un plano intrascendente, banal, de estudiada cortesía. Yo, desesperado, prolongaba el coloquio. Aventuraba alusiones directas: "No tengo idea de cómo voy a sobrevivir al regresar". Él, impertérrito, contestaba con generalidades: "Sí, es difícil, ¿verdad? Los regresos siempre fueron difíciles". Salí de su oficina consternado, entristecido, sin haber podido romper ese bloque de hielo, y convencido de que la búsqueda de empleo iba a correr enteramente por mi cuenta, sin orientación alguna.

Siguieron las antesalas, las esperas, las entrevistas, las esperanzas, las desilusiones. Se me ofreció un puesto en provincia como médico en los servicios de emergencia. Yo me había preparado como especialista en patología, y se me ofrecía atender a enfermos graves, actividad para la cual no estaba en modo alguno calificado. Antes de convertirme en una amenaza para la salud pública, hubiera preferido cambiar de profesión.

—El que se va, como podrás ver, pierde su sitio en la 'cola' de los que esperan —me dijo un viejo amigo. Tenía razón. Partir es desaparecer del horizonte visual de propios y extraños. Es desvanecerse, borrar la presencia, quitar la percepción de sí mismo: dejar de "estar presente" en el sentido más amplio de la expresión. El que parte es el que no está, es el ausente, aquel a quien sus seres queridos recuerdan por un tiempo con una tristeza que —por profunda que sea— terminará por desdibujarse, derretirse y transformarse en dulce melancolía. El que no está no se ve. Es decir, no puede verse directamente, con los ojos del cuerpo: se manifiesta solo en efigie o se le ve con la memoria. Vale tanto decir que se le ve solo con los ojos del alma, como se ven las imágenes de un sueño, o como... un fantasma. El que se ha ido es aquel a quien sus allegados evocan con nostalgia, dolor o suspiros, y a quien llaman siempre, inútilmente, como a un muerto. Partir es, en suma, morir un poco.

Las perspectivas en mi país me deprimieron: un país urgentemente necesitado de profesionales jóvenes, preparados y deseosos de servir parecía no tener la habilidad de darles cabida en el sistema. A final de cuentas, fue Canadá, país al que no le había costado ni un centavo mi formación profesional, el lugar que me admitió sin problema alguno. Todo me parecía augurar que mi vida en ese lugar sería la vida de un estudioso, plácida, productiva y libre de esa penosa estrechez económica que destruye los sueños más sublimes del espíritu. Y, sin embargo, terminé enfrentándome a una situación hartamente adversa: otro episodio psicótico *post partum* de mi esposa a raíz del nacimiento de nuestro segundo hijo. Perpetuamente me detenía en esa interrogante que tarde o temprano se hacen todos los emigrantes: ¿Qué tal si no me hubiera ido? ¿No sería mi vida más sonriente, mi horizonte vital más despejado y libre de los nubarrones que lo ensombrecían? Pero esto de nada me servía. La ansiedad es consubstancial a la vida humana y no termina más que con la muerte. Si mis problemas tenían solución, era mi deber de hombre encontrársela por mi cuenta, menos que eso era una cobarde claudicación. Y buscar la solución en el regreso era vano empeño. Las complicaciones serían otras y quizá peores.

Gradualmente, mi matrimonio degeneró. Nuestra relación adquirió un carácter enfermizo, morboso, altamente indeseable. Yo no era soportado ni ausente ni presente. Presente, se deseaba mi ausencia; ausente, se esperaba mi regreso. La relación se hacía destructiva, contradictoria, para ambos ambigua y cada vez más irreconciliable... El lugar en que vivía me llegó a parecer gris, frío y solitario, terriblemente solitario. Al gélido ambiente exterior correspondía un horrible frío interior, como si una mano de hielo me oprimiera el corazón. Mis cuitas sobre todo se derivaban de un matrimonio infeliz. No dejaba de ver que el deseo de irme de aquel pueblo era algo así como una escapatoria simbólica que, a la postre, no serviría de nada, ya que llevaría mis problemas conmigo a dondequiera que fuese.

Así pues, decidí regresar a Estados Unidos, donde viví por un tiempo en un cuarto amueblado enviando el dinero necesario para la manutención de mi familia en Canadá. Un día, recibí una llamada telefónica de larga distancia. Un antiguo colega, pediatra del hospital de Kingston, donde anteriormente había yo laborado, me afirmaba preocupado que mis hijos habían sido ingresados al hospital. Se apresuró a tranquilizarme; estaban bien de salud. Mi esposa los había traído de noche insistiendo que estaban enfermos. El joven interno de guardia, por precaución, y conociéndome, había autorizado la admisión. Pero al día siguiente, habiéndome confirmado que no había motivo para retenerlos, se procedió a darlos de alta. Surgió entonces un problema: no podían localizar a mi esposa. Se necesitó la intervención de la policía local, la cual forzó la cerradura de la casa y la encontró vacía. Tras varias pesquisas la localizaron, pero se rehusó a recibir a los niños, insistiendo, de manera tan sorprendente como obstinada, que estaba convencida de que los niños necesitaban hospitalización.

En aquel momento el gobierno canadiense me clasificaba como cabeza de una familia mal ajustada, lo que hoy se llama *dysfunctional family*, y me quitaba la patria potestad de mis propios hijos, ante la sospecha de negligencia y abandono infantil. Se me pidió acudir a una audiencia en la que el juez manifestó que no existía ninguna evidencia de abandono criminal. La sentencia restituyó la patria potestad a ambos padres. A mi esposa se le deberían entregar al día siguiente. Una llamada a mi cuarto de hotel ese día me hizo saber que no se presentó a recibirlos y que, en su ausencia, me serían entregados a mí. A poco de haberme establecido con mis hijos en un domicilio apropiado en Estados Unidos, llegó mi esposa. No había vendido nuestra casa en Canadá, como se supone que debió haberlo hecho. No explicaba satisfactoriamente lo que había hecho. Mis remesas las había empleado en la compra de atuendos de lujo. Titubeante, atemorizado, le propuse conseguirle un apartamento y ver que nada le faltase hasta que el divorcio fuera definitivo. Estaba dispuesto, le dije, a cederle toda mi propiedad. En cuanto a los hijos, en mi opinión su futuro sería menos accidentado conmigo que con ella. Así fueron mis días de entonces, y de aquella terrible agitación no veo más que un solo motivo de maravilla: que tanta miseria quepa en tan pocos renglones.

En cuatro años de vivir como padre soltero al cuidado de tres chicos, supe lo que significaba intentar la crianza de niños al tiempo de proseguir una carrera académica en Norteamérica. Empresa casi sobrehumana que daría material para llenar un libro. Por cuatro años traté de emular a esas mujeres que dividen su energía entre el cuidado infantil y la carrera. Se me veía con extrañeza, y me daba cuenta de ser una verdadera anomalía. No tenía más remedio que trabajar y al mismo tiempo ocuparme de la crianza de los hijos. Nada tan duro, tan difícil y extenuante como este empeño, que tantas mujeres emprenden calladamente y en medio de la indiferencia, cuando no la ingratitud general.

Pero esa dura prueba también terminó. Pasó, como todo en esta vida termina siempre por pasar. Me casé por segunda vez, y mi segunda experiencia matrimonial me pagó con creces: empezó con la reserva y desconfianza que eran resabios de la anterior catástrofe, y terminó convirtiéndose en un verdadero recinto de paz, fuente de fortaleza espiritual y manantial inexhaustible de cariño y ternura. Por lo que el segundo matrimonio me reveló, me inclino a estar de acuerdo con Plutarco cuando afirma, en su ensayo sobre el amor, que de todas las asociaciones a las que se ven impelidos los hombres, ninguna tan sublime y tan ínclita como la que conjunta a un hombre y una mujer en un matrimonio bien avenido.

Fue en Chicago donde este dichoso matrimonio se consumó, y fue en esta misma ciudad donde, a final de cuentas, logré establecerme y alcanzar una mejor estabilidad económica y un mayor desarrollo profesional. Llegué a fungir como director de Patología del Children's Memorial Hospital (ahora Lurie Children's Hospital of Chicago), un prestigioso hospital pediátrico. Está por demás decir que México, un país históricamente clasista, quizá nunca le hubiera brindado esta oportunidad a un joven proveniente de la clase obrera como yo. Y es precisamente de esa experiencia de donde eventualmente partiría mi obra literaria: mi formación profesional como patólogo y mi amor por la lectura en Chicago se conjugaron y brotaron en obras como *Notas de un anatomista* y los más de 20 libros que desde entonces he escrito. Mi vida como autor me ha mostrado que no hay momento de la experiencia humana que le sea ajeno a la literatura, que hay una corriente subterránea que todo lo une, que todo lo hermana. Se trata, a final de cuentas, de observar el mundo y recrearlo, en mi caso, desde la experiencia del migrante, lo cual me lleva a esta última reflexión.

Durante mis años de formación como médico, mis mentores insistían en que el escrutinio sistemático del rostro y la apariencia era esencial para practicar una medicina eficaz. Tal vez esto explique mi tendencia a escudriñar atentamente los rasgos faciales de la gente que conozco y hasta los de los extraños con los que me cruzo en la calle.

Así fue que me familiaricé con el aspecto de algunas de las personas con las que me encontraba en mi caminata diaria hacia el hospital en Chicago. Por ejemplo, recuerdo a un hombre viejo que se hablaba a sí mismo en susurros y que caminaba sin rumbo, o un joven petimetre, avispado y presumido, de cara atractiva, ovalada, de ojos grandes y vivaces. Un día, al dar la vuelta en la esquina, me di cuenta de que algo conmocionaba a la gente del otro lado de una pequeña plaza. También pude escuchar cómo un chico adolescente le decía a su amigo con un dejo de regocijo despiadado en la voz: "¡Apúrate y vamos a ver al borracho!"

En efecto, un hombre de mediana edad, al que no había visto antes, había colapsado y estaba en el suelo. Moreno, fornido, de cara ancha y cuello corto, sus rasgos diferían de aquellos que caracterizan a los individuos de ascendencia caucásica. Era el tipo de hombre que no llama la atención si se le mira en lo alto de un andamio, acomodando ladrillos en una construcción. El tipo de hombre del que uno desvía la mirada cuando irrumpe en nuestro campo visual, colgado de una cuerda lavando las ventanas de la oficina o el departamento. Un inmigrante, probablemente, indocumentado, quizá.

¿Cuánto tiempo había pasado allí? Es difícil decirlo, pero conociendo el ritmo del tumulto fragoroso de este mundo, podría apostar que no fue un breve desmayo; además, aquellos que pasaban comentaban "¡Está borracho!"; muchos de ellos lo habían esquivado minuciosamente hasta que, por fin, un alma caritativa se había acercado y descubierto que la enfermedad, no la borrachera, había, primero, hecho tambalear y luego derribado aquella estructura humana.

Llegué a su lado al mismo tiempo que la ambulancia. El hombre estaba muy pálido, pero consciente, sentado con la espalda apoyada en la pared mientras alguien trataba de darle aire agitando una revista como si fuera un abanico. Lo que más me impresionó fue escucharle decir a quienes lo rodeaban, con una voz débil y trémula: "Perdón... discúlpenme... perdónenme".

¡El hombre se disculpaba! ¿Por qué? ¿Por imponer el espectáculo de su desgracia en las vidas indiferentes de los otros? Lo que quería decir era lo siguiente: "Me da mucha vergüenza preocuparlos con mi miseria personal". "Tengan la bondad de dispensarme si los he ofendido al recordarles aquello que prefieren ignorar". En su día de adversidad, con la ropa raída y sucia de pintura y su vida entera manchada de todo a todo por el sudor de su frente; en un mundo lleno de angustia, esfuerzo y desencanto, este hombre consideró una falta de delicadeza aparecer en público con su cuerpo maltratado por el trabajo, atormentado por la enfermedad y la angustia. No parecía temer a la muerte: estaba avergonzado de ser visto, agonizando, entre hombres, mujeres y niños. No pude evitar sentirme profundamente conmovido por este ejemplo de cortesía sublime, esta respetuosa, atentísima consideración por los demás.

La ambulancia se lo llevó y ese día ya no pensé más en él. Pero de vez en cuando me deleitaba en el recuerdo de su conducta. Recordaba sus bruscas facciones e, impulsado por un capricho de la imaginación, superponía a su imagen los rostros de otros, sedimentados largamente en mi memoria. Sus facciones se derretían y volvían a formarse con distinta apariencia una y otra vez. Al final vi la cara de mi padre muerto, entrevista brevemente en el ataúd abierto cuando, en el velorio, un deudo oficioso me alzó por la cintura sin preguntarme, para que yo pudiera "dar la última mirada" al hombre que "me había traído al mundo". Era su cara un rostro ceñudo que me ha intrigado desde entonces. ¿Ese ceño fruncido representaba asombro? ¿Confusión? ¿Fatiga? ¿Simple dolor corporal?

La yuxtaposición de los rostros en mi imaginación me reveló que, de forma fundamental, todas las caras humanas son similares: los semblantes grotescos de Leonardo y los trazos angelicales de los personajes de Botticelli, el gesto contrito del enfermo que cae en medio de la calle y el rictus indescifrable de mi padre muerto, todos añaden a la misma cuenta.

Ya había olvidado el incidente aquel de la calle cuando una semana después se me encomendó la autopsia de un paciente que había muerto de infarto al miocardio. Imagine el lector mi sorpresa cuando me di cuenta de que el difunto era el mismo hombre que, días antes, había colapsado en la banqueta. Por un momento me quedé quieto, perplejo, contemplando el cuerpo inerte y sin vida. Entonces, preparé los instrumentos de disección y miré una vez más su cara. A lo largo de la vida, pensé, cada ser humano es divisible en dos partes: el ser externo, superficial, que podemos mirar desde fuera y un ser interior que habita el reino de la conciencia que es profundamente privado, conocido solamente por el individuo mismo. En este caso, el hombre interno ya no existía, pero ¡cuánto del externo quedaba aún! Pues es aquí, en la cara, donde nuestra identidad reside en su mayor parte; aquí se localiza el más alto signo de nuestra individualidad. Y, aun así, la cara oculta más de lo que revela: disimula y denuncia al mismo tiempo. Las toscas facciones del hombre que estaba a punto de diseccionar no declaraban los actos de generosidad y nobleza de alma de los que era capaz. El hombre es, pues, más que sus rasgos faciales; más, evidentemente, que una colección de órganos: es la suma de sus actos, su historia, sus anhelos, sus aspiraciones.

Después de haberme hecho estas reflexiones, tomé el escalpelo en mi mano. Y entonces, casi sin pensar, hice aquello que parece ser un acto universal y ritual entre los que diseccionamos cadáveres: cubrí el rostro del sujeto con una toalla. Solo entonces me dispuse a ejecutar lo que un escritor llamó con ironía "el último corte", pero que para los de mi oficio es, realmente, el primero.

MAURICIO TENORIO-TRILLO

Historiador y ensayista. Profesor de Historia en la Cátedra Samuel N. Harper de la Universidad de Chicago. Entre sus últimos libros se encuentran *La Paz 1876* (Ciudad de México, 2018), *Latin America: The Allure and Power of an Idea* (Chicago, 2017) y *Maldita lengua* (Madrid, 2016).

Apuntes de un lugareño

1

Por años no lo acataba del todo, pero no hace mucho tiempo di por cierto que soy un mexicano más en Chicago. No está mal; somos y hemos sido tantos, y por tanto tiempo, que ya me resulta absurdo hablar de afueras y de adentros entre cualquier pedazo de México y Chicago. Claro, mi experiencia en Chicago no es igual a la de la mayoría del paisanaje que, buscando "jale" y supervivencia, han llegado aquí desde la década de 1920. Pero soy uno más, solo que he tenido la suerte de poder vivir dedicándome a leer, enseñar y escribir… y en la Universidad de Chicago.

Lo mío es un privilegio, claro, sobre todo porque me ha permitido, en Chicago, ponerme y quitarme lo mexicano a mi antojo; una prerrogativa que no se le otorga ni a todos los paisanos ni a todos los afroamericanos. Es una ventaja económica e intelectual que me ha protegido de la discriminación que sufren muchos paisanos y paisanas. En fin, es un privilegio vivir en una burbuja elitista y pretenciosa, pero que también constituye un verdadero *black hole* de pensamiento y creatividad. Sin embargo, no hay que hacerse ilusiones: Estados Unidos ya ha dado prueba suficiente de su capacidad de autodestrucción, cualquier día *America will be made great again*, y seguirán más deportaciones masivas y toda burbuja mínimamente intelectual será reventada y, entonces, los de fuera y dentro de las universidades, mexicanos y estadounidenses, haremos eco del final de la *Muerte sin fin* de José Gorostiza, "¡Anda, putilla del rubor helado, / anda, vámonos al diablo!"

2

En los archivos de la Universidad de Chicago he leído las entrevistas, "historias de vida", mapas y estadísticas que, en las décadas de 1920 y 1930, elaboró The Chicago School of Sociology acerca de inmigrantes en Chicago (mexicanos, polacos, judíos y negros sureños). Y al leer las historias de vida de gente de La Piedad o de Pénjamo que llegó a Chicago en 1920, siento familiaridad, extraña, profunda; familiaridad que deviene no de la experiencia "Chicago" o "La Piedad", sino del estilo, del tono, del relato en común entre las muchas vidas. Es como si ojeara un álbum de familia pleno de imágenes que me son íntimas y conocidas, pero no los rostros de los personajes. Es la vida de gente en mis pueblos del Bajío y Michoacán, experiencias de pobreza, pero también de lucha y supervivencia, esas cosas que vi y oí de mis abuelos, de mis padres, las mismas referencias a la Revolución, a la Cristiada, a la violencia entre familias y pueblos, a las fiestas religiosas y cívicas; es más, el mismo sabroso lenguaje que hablaban mis abuelos y los viejos en La Piedad. Bueno, pues, que al leer la evidencia de esa primera migración mexicana a Chicago me descubro incluido de una manera íntima pero no igualitaria porque mi experiencia es muy otra y en un tiempo muy distinto.

Fuera de los archivos me pasa lo mismo. Hace algunos años, mi alumno R. de la Universidad de Chicago, nacido en Chicago de padres mexicanos, me llevó a una tamalada a su casa en Midway. R. y yo siempre hablábamos en español o en inglés indistintamente, pero eso no era nuestra cosa "en común"; lo que nos unía era la Universidad de Chicago: yo un profesor pesado; él, un Chicago undergraduate: sofisticado, inteligente, pesadito, muy como yo por ser académico, no por ser mexicano. En cambio, sus tías y parientes mayores, con la masa y las hojas de tamal entre las manos, me transportaban al zaguán de la casa de mis abuelos en La Piedad; para mí ahí todo era familiar y entrañable, no es que ahí residiera "mi identidad", es que ahí se arrejuntaban por un rato los sonidos, los olores, los acentos y las referencias con los que crecí. Ciertamente, mi trayectoria y preocupaciones, mi forma de vida, eran ajenas a los tíos y tías de R. Entre ellos y yo no había ni hay identidad (1=1) que valga, ni étnica ni nacional ni profesional ni existencial. Recuerdo haber escrito una "vida imaginaria" pensando en esta simultánea experiencia de profunda lejanía y de compleja intimidad sacada de mis lecturas de archivo y de mi experiencia de profesor en la ciudad mexicana de Chicago. Una "vida imaginaria" que comenzaba:

Doña Guadalupe Aceves Gómez nació en La Piedad de Cabadas, Michoacán de Ocampo, en 1898 según reza la partida de nacimiento expedida por la parroquia de El Señor de La Piedad. Murió en Chicago, Illinois, a la edad de 102 años, víctima, ella decía, de esos "aigres colados" que en Chicago son más colados, contimás airosos. Doña Guadalupe vivió en La Piedad hasta los 21 años, edad con la que llegó a Chicago prometiendo que volvería. Cuando en 1925 los antropólogos de la Universidad de Chicago la entrevistaron en los asentamientos mexicanos del sur de la ciudad, ella explicó: "aquí venimos pa' sacar pa'una casita y pa' poner una tiendita en La Piedad". En 1998, Jacky McKean-Aceves, bisnieta de doña Guadalupe, escribió senda tesis de licenciatura sobre el Chicago mexicano para el departamento de Ethnic Studies de la Universidad de Illinois. Y entonces Jacky entrevistó a su bisabuela doña Guadalupe: "¿Usted mamá Lupe, quería regresar?" Doña Guadalupe contestó en español del Bajío –nunca aprendió inglés—: "Pus claro que quería regresar a La Piedrita, pero ni ansina cuando echaron pa' atrás a tantos mexicanos mi marido perdió la clientela de panadero, y pus luego las criaturas nacieron aquí y aquí se criaron, y bueno pa' cuando teníamos dinero pa' irnos ya no teníamos salud pa'l viaje y pus aquí se nos arrejuntaron los recuerdos y aquí nos amuinamos".

Y terminaba:

En fin, la bisnieta preguntaba a doña Guadalupe: "Usted mamá Lupe ¿qué se siente, mexicana o gringa?" La anciana respondía: "Ay m'hijita pus qué queres que te diga si soy de La Piedrita, de noche la cabeza la tengo allá y de día se borra todo y estoy aquí, pus uno no se olvida de esas querencias de criatura, pero cuando voy pa' La Piedad ya no me hallo allá, todo está tan cambiado, y uno es el recordadero de los que uno quere, criatura del señor, y lo que quero está aquí, m'hijita, mira, aquí estás ¿no?"

"Ojála nunca se hubiera ido del pueblo, verdad mamá Lupe", decía Jacky cargada de cursos de Ethnic Studies. Doña

Guadalupe respondía: "¡Ay, no m´hijita!, ¿qué estaríamos haciendo 'horita en el pueblo? ¿De criadas de los Álvares como mi mamá? ¿Gente sin coche y sin casa, sin educación? Ondi crees, no m´hija, lo de allá todito se me quedó como los rezos, puras recitadas de recuerdos, pero... pus aquí ensina juntos y bien... ¡Gracias, Padre San Francisco! ¡Gracias, mi Señor de La Piedad!" (Texto incluido en *Culturas y memoria*, México, Tusquets, 2013).

3

La idea "México" incluye historias, lenguas y culturas diferentes y enfrentadas, pero parece una habitación estable en un mundo que, por global que sea, demanda identidades étnicas o culturales más o menos fijas. Y sea lo que sea lo que consolide un sentido de colectivo nacional, México es eso: una sensación de pertenencia a un espacio-tiempo identificable y reconocible para sus miembros, pero no porque ese sentido sea un resultado histórico óptimo o una cultura claramente definida o un perfil racial genéticamente descifrable. No. Se trata de trozos de historias y leyendas, dejos culturales de aquí y de allá, referencias identitarias esparcidas por la escolaridad, por las historias familiares, por la experiencia de "rotos" y "catrines" de su respectivo Estados Unidos. Y, sobre todo, por una lengua común que no es el "castellano" en genérico sino el mexicano con sus acentos y singularidades regionales y nacionales: una lengua que lleva mucho tiempo haciendo nación y un cierto tiempo de ser imperial en el mundo de habla hispana gracias al alcance de la radio, el cine y la televisión mexicanas. En fin, así se ha formado ese inventario de referencias que están ahí, *prêt à porter*, para ser mexicano así o "asado", y en esto consiste la estabilidad cultural de la idea de México.

No es que se tenga por cierto qué es ser mexicano, es que son posibles, comunes y conocidos los mecanismos y las marcas para autodenominarse mexicano según requiera cada experiencia personal y según convenga. Y es que eso de ser mexicano a ratos se nos cruza por el camino, a ratos nos anega en llanto edípico ("... amor eterno, e inolvidable...") y otras veces se nos atraganta en la garganta.

Por ejemplo, una joven escritora mexicana de éxito en México y Estados Unidos, Valeria Luiselli, se topa con su mexicanidad en el metro de Nueva York, así tal cual Octavio Paz en San Francisco o Los Ángeles; se encuentra, pues, ante lo mexicano de fuera: (Papeles falsos, 2010) dos niñas —"gorditas" Luiselli *dixit*—, que juegan al "Marinero que se fue a la mar y mar y mar..." Pero las niñas cantan: "I don't wanna go to Mexico no more, more, more: there's a big fat policeman at the door, door, door (...)". Son "gorditas" de México, es decir de Queens, y aunque la "menos gordita" se lo pone en blanco y negro a Luiselli —"it's just a sooong"—, la autora en segundos se atraganta y des-atraganta de mexicanidad: "¿Qué derecho tiene un mexicano, estudiante de posgrado en Estados Unidos, de decirle a un niño mexicano, inmigrante, que México no está tan mal? Ninguno, probablemente. Pero antes de bajarme del metro... les dije a ambas que ser mexicano era mucho mejor que ser gringo".

Claro, Luiselli recapacita de inmediato: "Cuando puse un pie afuera del vagón, me sentí infinitamente tonta". No obstante, la autora recurre al repertorio de marras a que recurren lo mismo profesores que trabajadores mexicanos o estadounidenses, así "pa' no dejarlo ahí amuinado" sin salir a bailar: "pero eso sí, denme otro tequila", dice Luiselli. Nuestra ontología se reduce, pues, al privilegio de habitar el estereotipo cuando nos dé la gana.

No es necesaria más mexicanidad; los mexicanos necesitamos, en México y Estados Unidos, oportunidades educativas para que haya muchos que hablen mundo a México y México al mundo. Apuesto a la mundialización de una idea de México con el descaro para presentarse con todas sus contradicciones y variaciones de cosmopolitismo y así y todo ser objeto no solo de tolerancia, sino también de admiración por ser un reto incómodo. Pienso en una imagen universal que sea mexicana, sí, y tanto da, guste o no, lo cual por necesidad implica una desvergüenza "naca" y una cara culta.

4

El país es grande y diverso, siempre ha sido un fluir de ideas y gente de dentro a fuera y de fuera a dentro. Cualquier familia mexicana es producto de la migración y la mezcla, del rancho a la ciudad provinciana, del campo a la ciudad, de pueblos y ciudades a Estados Unidos o a Europa, de Europa a México. Siempre me ha asombrado que aún entre los historiadores se asuma la existencia de un tiempo mítico, ese cuando los mexicanos estaban, y llevaban tiempo inmemorial, fijos a una geografía y a una cultura. ¿Cuándo? ¿Cuáles mexicanos? ¿Los tlaxcaltecas que conquistaron Nueva Galicia? ¿Las repúblicas de indios en la colonia que en realidad fueron una masiva reubicación de gente? ¿Antes de que el paisanaje se nos fuera a la fiebre del oro en California o a Texas después de la inauguración del ferrocarril o antes del programa de Braceros o antes del TLCAN? Ser México no ha sido más que una manera de ser del mundo moderno, así como Francia, España, Estados Unidos o Brasil.

Claro que el pasado y la presencia indígena es clave para entender la peculiar conformación de una Francia, de un Estados Unidos, llamado México, y que por eso no es Francia ni Estados Unidos, pero al mismo tiempo es como ellos. El pasado y presente indígena cuentan, pero no como marca exótica, sino como marca intrínseca a todo el mundo moderno. El mundo indígena, su pasado y su presente, transformaron no solo a México sino al mundo en todo lo que causó la conquista, la cristianización, la debacle demográfica. Desde hace siglos ya no se trata de seres extraños, de ontologías y de sociedades ajenas ni a México ni a la cristiandad moderna. Son millones de gentes, es una trágica historia, con sus lenguas y costumbres, que han sido por cinco siglos parte y contraparte del mundo. Hoy se puede ser indigenista o activista indígena no porque al fin se tome conciencia de una "otredad" suprema que estaba allí, aguardando brotar fuera de la artificialidad occidental que la cubre, sino porque ese ser indigenista o activista indígena es parte intrínseca de esa "artificialidad occidental". No hay otra cosa. Pero dentro de esta mélée que llamamos México hay suficientes contradicciones y posibilidades para rehacer cada día no solo a México sino a la idea de lo moderno o posmoderno en el mundo.

5

Lo extraordinario de México no ha sido la marca indígena, sino la desigualdad. Se trata de una sociedad riquísima que cuenta con millonarios cósmicos, un país que logró todo lo prometido por los creyentes en el progreso decimonónico —crecimiento industrial y tecnológico, integración nacional, vida cultural moderna, bohemia...— pero que alcanzó todo aquello, como Brasil, en la más absoluta e inaceptable desigualdad. El mexicano, pues, es el cosmopolitismo de la desigualdad.

Cosmopolitismo entendido como un doble caer en la cuenta de que el reportorio de cosas para ser mexicano es eso, un repertorio para usar y abusar según las situaciones, y en que es uno de tantos en perpetua y global transformación. Es decir, cosmopolitismo es irse ampliando el repertorio, una manera de descubrirse mexicano y de ahí algo más y algo menos. Esto implica un pragmatismo mexicano muy sano. El problema es que cosmopolitismo y pragmatismo han sido marcados por la desigualdad.

Quiero hablar del Sr. Rojas, mexicano en Chicago, para poner ese cosmopolitismo mexicano en su propia tinta, más allá de la desigualdad que es la marca de la casa, de nuestra casa. Andando en el "jale" —nombre vernáculo del cosmopolitismo y pragmatismo mexicanos—, un buen día, el Sr. Rojas reparó en la perenne transformación de Chicago, en la demolición constante de edificios viejos en este o aquel barrio de la ciudad. Se dio cuenta de que, mientras que en tanto en los barrios empobrecidos, lo viejo no tiene valor, en los barrios catrines o "acatrinados" lo viejo tiene tanto valor que las leyes protegen los edificios: nadie puede poner ventanas y mampostería de The Home Depot en las ventanas de un edificio de, un decir, 1912, de Hyde Park o de Lincoln Park. La ley exige que las ventanas originales sean restauradas. Poco a poco, el "jale" del Sr. Rojas consistió en recoger maderas y cristales viejos de los tiraderos de basura urbana y en aprender, poco a poco, el oficio de restaurador. Hubo de enseñarse, a la mala, el manejo de pesados químicos para quitar las capas y capas de pintura moderna sobre las antiguas ventanas; tuvo que adiestrar y, también, explotar a la paisanada que empezó a formar parte de su pequeña compañía. Aprendió inglés y lecciones rápidas de historia de los estilos arquitectónicos de Chicago y hoy es uno de los especialistas más reputados de la ciudad en la reconstrucción de ventanas en fachadas históricas. La última vez que lo vi iba a México en el mismo avión que yo; cual debe ser, él y su esposa —el cerebro financiero de la empresa— viajaban en primera. Yo en clase turista.

Entre el Sr. Rojas y yo, un profesor de la Universidad de Chicago, no hay diferencia en esfuerzo y en la cocinada de sus respectivos oficios. Acaso el día primero de noviembre el Sr. Rojas monta en casa altar de muertos, acaso no, pero lo que importa es que se hizo a su oficio, es amo y señor de su quehacer. Lo importante es que los señores Rojas están ahí y por todas partes, que son miles, millones, de grandes cosmopolitas y pragmáticos, de "jaladores" mexicanos que hace mucho dejaron de habitar estereotipos y son y no son mexicanos, a como toque y cuando toque, y si toca, de esta u otra manera. Su autenticidad, si cuenta, está en haberse descubierto así, mexicanos, de ya cosmopolita, luchones, creativos y fieles a sí mismos como orfebres, empresarios, escritores, poetas o médicos.

Lo que está pasando es que sumergidos en ese "fondo de uno mismo" encontramos formas cosmopolitas de ser doctores, creadores, poetas o lo que sea; formas profundamente mexicanas y por ello mucho más que mexicanas. Yo, al fin y al cabo, un aburrido profesor, no he encontrado manera creativa de expresar este cosmopolitismo, este pragmatismo mexicano, pero lo he visto sugerido en un filósofo estadounidense (Stanley Cavell), —perdóneme el lector la complicada cita—: "Lo que requiero es un agregado, una reunión *(a convening)*, de los criterios de mi cultura para luego enfrentarlos a mis palabras y a mi vida en tanto procuro mis palabras, mi vida. Al mismo tiempo, mientras gestiono mis palabras y mi vida, necesito confrontarlas con la vida que las palabras de mi cultura puedan imaginar para mí: poner a la cultura cara a cara consigo misma mientras va en camino de encontrarse conmigo".

6

Cuando paseo por Pilsen y converso con un paletero, cuando me embarco en pláticas con las niñeras mexicanas que me encuentro en las cafeterías de Hyde Park, cuando como o cafeteo con amigos mexicanos "undocumented" aquí en Chicago, hay algo en mi origen regional, de clase y en mi peculiar crianza que me hace sentirme en casa. No quiero ni puedo describirlo, es algo personal, como si en el cerebro se ajustara un orden largamente buscado y me refugiara en acentos, chistes, en esa simpleza que es vivir sin pensar en vivir.

Sin embargo, yo sé que mi experiencia es muy diferente a la de todos los paisanos con los que a diario "echo chorcha" en Hyde Park. Y ellos me saben también muy diferente a ellos y ellas. Porque soy profesor, porque debo hablar y parecer, en inglés o en español, de otro tipo de mexicanos. Pero el caso es que alcanzo un universo de intimidad aquí en Chicago que no puedo alcanzar en mi hábitat natural; por ejemplo, no logro sentirme íntimo, suelto y seguro entre intelectuales de buenas familias de la ciudad de México.

Convivo, claro, con la "intelligentsia" mexicana, disfruto, pero me cuesta más que estar ora con gente común de la calle o con académicos estadunidense o alemanes. Es como si yo ante profesores estadounidenses o alemanes no tuviera que probar nada. Somos perros del mismo barrio, nos conocemos las pulgas y no hay qué espantar. En los "altos círculos" intelectuales mexicanos, a los que de alguna manera he de pertenecer, no sé, me cuesta soltarme, hay que ir probando todo el tiempo que uno es alguien. Cansa. Aburre. Sí, soy profesor de la Universidad de Chicago, pero cuando estoy con la *cosa nostra* mexicana hay que aguantar un ninguneo y un "¿quién eres tú?" insoportables. Solo ante ellos siento vergüenza de mi acento en inglés, no ante los premios Nobeles de Chicago con los que puedo discutir, reír, pelear o chismear... Porque entre la élite mexicana mi mal acento en inglés revela mi impostura: ¿Cómo es posible que yo haya llegado a la Universidad de Chicago? Hace no mucho, un muy famoso intelectual mexicano quiso ser "buena onda" conmigo, y me dijo que yo era un chico prometedor, y me pidió que escribiera reseñas de libros para su revista, dijo que él se encargaría de darme a conocer en México... ¡y yo tenía casi 50 años y contaba con, buenos o malos, mis libros en inglés y español! Otro día, un famoso profesor de El Colegio de México, en una cena en Chicago y después de que quedara claro que disentíamos en nuestras opiniones políticas, me preguntó de dónde era; dije que de La Piedad, educado en la Universidad Autónoma Metropolitana. Lo que siguió fue una perla del ninguneo intelectual mexicano. Me preguntó: "¿Y cómo se le hace para llegar de La Piedad a Chicago [a la universidad, se entiende]?" Yo me bajé del *ring* intelectual mexicano —porque "da una hueva infinita"— y le dije que era muy fácil, que había vuelos diarios de León, de México o de Guadalajara.

En fin, he de ser, aunque me pese, un intelectual y mexicano, pero no "intelectualeo" a la mexicana. Como es claro, no puedo equiparar mi experiencia de mexicano en Chicago con la de la mayoría de los paisanos, pero en Chicago encuentro espacios de intimidad no intelectuales que no encuentro entre mis supuestos afines en México. Chicago es el México y el no México que escojo.

No se me malinterprete, no hablo de problemas de identidad; es más, yo soy de los que cree que el problema es la obsesión con la identidad misma, el vicio de hablar de ella, de tenerla. Me identificó emocionalmente con muchos mexicanos de Chicago, apoyo sus causas, me duelen sobremanera sus miedos, las deportaciones, me ocupo de ayudar a que sus hijos entren a las universidades y todos siempre con el miedo a ser deportados. Pero no me importa si esta empatía es hija de una misma identidad étnica. Cierto, hay una rara intimidad, pero no quiero intelectualizarla. Porque también sé que mi vida, mi trabajo, muchas de mis preocupaciones y pasiones escapan por completo a la mayoría de los mexicanos o polacos o afroamericanos de Chicago. Soy un profesor, historiador, un "over-read janitor" que vive más en libros que en la vida, y los míos son una tribu de gente rara que generalmente viven en universidades y pueden ser mexicanos o europeos o estadounidenses o brasileños o chinos. Me siento tan en casa en una tamalada de Pilsen con viejos migrantes mexicanos del Bajío, que en una reunión de irónicos académicos medio borrachos —que es como mejor se aprecian— de Calcuta o Nueva York; y me siento extraño en una reunión de la élite intelectual mexicana o de ricos mexicanos o de ricos estadounidenses o de empresarios o políticos mexicanos o franceses. No hay nada admirable o noble en mi trayectoria. Es solo una forma de dedicación a los libros, a la investigación y a la enseñanza. Hay muchas, esta ha sido la mía, y no es una identidad, es una concatenación de circunstancias que ni me dan ni me quitan lo que sea que es ser mexicano. Y es una concatenación de circunstancias que no se la deseo ni a mi peor enemigo.

7

Como a tantos otros, por angas o por mangas me fue más fácil hacer una carrera en Estados Unidos que en México. Me gustaría echarle épica al asunto, pero ni siquiera fue cosa de mucha lucidez o de mejores oportunidades o salarios. No. Sencillamente, como todos, creyendo, como Machado, que "hoy es siempre todavía", un buen día vine a Chicago pensando que regresaría, y me he pasado dos décadas entre México, Chicago y Barcelona y ya no estoy ni en un lado ni en otro.

Lo que me define profesionalmente es ser profesor de la Universidad de Chicago, a donde tuve la suerte de llegar hace diez años. Suerte y destino. En mi línea de trabajo, escalar en México requiere de un "know-how" específico, ni mejor ni peor que el de Estados Unidos, pero que, por cuestiones de personalidad, a mí me cuesta (requiere de mucho cafeteo y guiri guiri). En Estados Unidos, el sistema académico tiene requisitos más o menos claros; aquí cuenta lo que los mexicanos llaman "la grilla", pero más cuenta lo que uno ha escrito, qué tan buen maestro es uno, qué tan capaz de hacer el trabajo con los estudiantes y con la administración. Por mera personalidad, me fue mejor estar encerrado, ver a poca gente, publicar mis artículos y libros y, con gusto, dar mis clases y atender estudiantes. En México, estoy seguro, hubiera hecho igual carrera, pero me hubiera llevado mucho más tiempo y hubiera requerido de habilidades que mal poseo. Hoy voy y vengo entre México y Chicago, escribo en inglés y en español: nunca he abandonado, pues, ni México ni lo que es leer y hablar para México. Pero mi carrera es "gringa".

El fenómeno estadounidense de la investigación académica, conocida como The Great American Research University, como Chicago, es un fenómeno histórico irrepetible, admirable, pero que también ha reproducido privilegios injustamente, una institución, sin duda, llena de problemas. Pero ha sido la Alejandría de nuestros tiempos; en The Great American Research University gente de todo el mundo ha podido discutir e investigar ciencias y humanidades, libre y productivamente, en excelentes condiciones y con recursos nunca antes vistos en la historia de la humanidad. Un milagro, acaso indebido e injusto, pero un milagro. Nadie dentro de Chicago o Harvard debería olvidarse nunca del privilegio y responsabilidad intelectual que significa pertenecer a este tipo de instituciones. Y nadie puede sentirse del todo merecedor. Que yo llegara a la Universidad de Chicago fue, claro, una chiripa y no; pude ser yo o cien como yo, pero hay que estar entre esos cien. Ese es mi único mérito. Lo demás es suerte y trabajo más o menos eficiente.

A veces imagino ser el cronista del fin de The Great American Research University. Me descubro auto-narrándome: "¿Y pensar que este pinche mexicano aún pudo aprovechar y participar de este grandísimo experimento?" Porque me temo que la institución está en entredicho, acaso por buenas razones (tanto privilegio no puede durar). Con las cosas como están en Estados Unidos y el mundo, pronto será grande la tentación de hacer de toda la educación y de toda la investigación una cadena de Trump Universities. Los críticos de las instituciones elitistas tienen buenos argumentos, pero ni ellos ni nadie han imaginado mejores escenarios donde la investigación, las ideas y la libertad puedan coexistir mejor y más fructíferamente.

En efecto, vivo en el absurdo campus de la hipersensibilidad, reproduciendo la sensiblera political correctness, la de la eterna adolescencia de académicos dedicados al estudio de cosas oscuras e inútiles. Pero también vivo en un oasis de libros, ideas innovadoras, avances y experimentos científicos, sociales y culturales. Sí, seguramente, se trata de una burbuja, pero reventarla dejaría al mundo mucho peor de lo que ya está. Los héroes y temas de nuestro tiempo (por decir, Steve Jobs, Bill Gates o la tecnología) son inentendibles sin lo que "las burbujas" han producido. Tampoco se entiende los avances médicos y, fuera de las burbujas, a pocos les importa Cervantes, Shakespeare u Homero o también el último, fugaz e inútil teórico de moda. Conozco y critico sus grandes injusticias, pero rompo flechas, como historiador, como mexicano, como habitante de Estados Unidos y del mundo, por The Great American Research University.

Ya estando dentro de ella, resulta difícil identificar si hace diferencia ser mexicano o brasileño o chino. Estoy consciente de que vivo en un espejismo, que en el mundo real mi apariencia, mi acento, mi nacionalidad y raza contarían mucho en mi vida diaria, pero no en la burbuja en la que vivo. Siempre supe que vivía en una parcialidad moral, intelectual, social, y me sentía culpable y elitista, pero con la elección de Donald Trump, y por el bien del pensamiento, de los libros, de la investigación y de la educación de calidad, lo único que espero es que dure lo más posible la parcialidad en que vivo.

Pero sé que soy de los últimos mexicanos o nigerianos o estadounidense que gozará de este raro, costoso, elitista y maravilloso fenómeno histórico que ha durado más o menos 150 años. Claro que a lo largo de mi carrera académica he sufrido uno o dos actos abiertos de discriminación —recuerdo uno en una conferencia en Yale, y otro cuando traté de inscribir a mi hija en la Lab School en Chicago sin avisar a mi Decano—. Pero no sé si sea repetible este grandísimo experimento mundial en Estados Unidos, The Great American Research University. En ellas trabajamos, en las ciencias y humanidades, cientos de mexicanos, muchos más de lo que la gente se imagina, y estar en ellas es participar de ideas y trabajos con colegas en México, en España, en India en Japón. Yo quisiera que durara muchos más años, que muchos mexicanos "nerds" de Chicago o de La Piedad o de la ciudad de México pudieran llegar a vivir estas instituciones y aprovecharlas. Pero el fin está a la vista, lo presiento. Cada día que pasa siento que es el último antes de que el cambio de la glaciación política y cultural que estamos viviendo acabe por convertirnos, a profesores e institución, en anacronismos.

Febronio Zatarain

México, 1958. Emigró a Chicago en 1989 donde se ha dedicado a la promoción cultural. Ha publicado *En Guadalajara fue* (novela), *Veinte canciones en desamor y un poema sosegado.* En 2015 ganó el Premio Latinoamericano de Poesía Transgresora con el poemario, *El ojo de Bacon.*

La mancha:
de la revista Fe de erratas
a contratiempo

Los inmigrantes latinoamericanos que llegan a Chicago, por lo general, vienen con un sueño: el de ahorrar los suficientes dólares y, ya de vuelta en su terruño, construir una casa, poner un negocio o casarse con la prometida que se quedó esperando. Yo también llegué con un sueño: el de volverme escritor algún día. Además de ropa, traje conmigo algunas narraciones propias en las que aún quedaba mucho por hacer, y una cincuentena de libros que, en mi opinión, me iban ayudar a mejorar mi escritura y también a encontrar mi propia voz. El amigo que me dio hospedaje participaba en la Coalición de Inmigrantes del Medio-Oeste. Aún gravita en mi memoria el eslogan de esta organización: "Somos un pueblo sin fronteras", porque al leerlo quise ser un hombre sin fronteras, un hombre en quien entraran y salieran libremente las ideas. La Coalición tenía una especie de boletín que publicaba esporádicamente, y en unas de sus ediciones encontré un cuento y un poema. Pregunté por los autores. Enrique Murillo, autor del cuento, tenía rato que no se paraba por las oficinas. A Rafael Ortiz, escritor del poema, me lo presentaron pocos días después en una de las primeras fiestas a las que asistí en Chicago. Conversando con él, le propuse que formáramos un taller literario; me dijo que lo consideraba difícil porque eran escasísimos los inmigrantes que tenían interés en aprender a escribir un cuento o un poema:

—Pero me gustaría mucho.

Así quedaron las cosas. A partir de este diálogo, concluí que para que naciera el taller iba a ser necesario que contagiara de mi sueño a otros inmigrantes, por eso a toda persona que conocía le empezaba a hablar de literatura.

Llevaba cuatro meses en Chicago cuando en la escuela donde daba clases de gramática española para inmigrantes que habían solicitado su residencia a través de la amnistía de 1986, contrataron a una persona que trabajaría como reclutador. Se llamaba Raúl Dorantes. Él fue el primero a quien le llamaron la atención mis consignas literarias. Rápidamente nos hicimos amigos y con frecuencia íbamos a la biblioteca pública central en la que había por lo menos ocho mil títulos en español. Recuerdo que a veces me ponía a leer en voz alta algún poema de Jaime Sabines o de León Felipe en el tren que nos retornaría al barrio de Pilsen —el barrio mexicano donde vivíamos— y los hispanohablantes que iban en el vagón se veían emocionados, como si cada estrofa fuese una pieza de pan recién horneada.

Raúl compartía apartamento con su primo Francisco Piña, activista de la Coalición, a quien yo le caía mal porque en una ocasión en que él estaba disertando sobre la lucha de clases como motor de la historia, me acordé de una canción de Jaime López, desconocida para todos los presentes, y comenté que la única lucha en la que yo creía era en la Lucha Villa. Seguido nos quedábamos Raúl y yo en la mesa del comedor, luego de cenar, hablando de literatura mientras Francisco estaba en el sofá leyendo algún manual de marxismo leninismo. En una de esas noches le comenté a Dorantes que acababa de llegar un ejemplar de *La insoportable levedad del ser* a la biblioteca, que fuera a sacarlo, que era una novela que no solo me había gustado, sino que me había influenciado mucho. Tres noches más tarde le pregunté si le estaba gustando la novela de Milan Kundera.

—No la encontré —me respondió—, alguien ya la había sacado.

De repente Francisco, desde el sofá, intervino:

—Ya casi la termino; me atrapó desde la primera página.

Raúl y yo localizamos a Enrique Murillo y le propusimos formar un taller, más que de escritura, de lectura porque realmente en literatura éramos unos neófitos. Francisco y Rafael no quisieron participar, dijeron que ellos le entrarían cuando fuera de pura escritura. Luego de tres meses de estarnos reuniendo, un viernes se apareció Rafael y nos propuso que hiciéramos el taller de escritura, él ya había hablado con Francisco y con un poeta de Monterrey llamado Jorge Hernández. Las reuniones se llevarían a cabo en el local donde Rafael daba clases de español como segundo idioma.

Como nadie tenía experiencia coordinando un taller, las críticas se hacían sin ningún miramiento: no llegábamos siquiera a tuertos y nos comportábamos como si trajéramos los dos ojos bien abiertos. Murillo no pasó de la segunda sesión, pero en el transcurso se nos juntaron Ninfa Martínez y José Uribe. Luego de varios meses, en la atmósfera empezó a flotar la idea de una revista literaria; algunos textos habían sobrevivido a la hecatombe y era necesario sacarlos a la luz. Así publicamos el número cero de *Fe de erratas* (le pusimos ese nombre porque veíamos nuestros textos como una enmienda al error que éramos). En dicha edición publicamos solo inmigrantes mexicanos. Ya en el número uno incluimos a mexicanos que residían al sur del río Bravo. A partir del número dos, la revista se latinoamericanizó. Llegaron el nicaragüense Ricardo Armijo y el chileno

Bernardo Navia; más tarde se publicaría al hondureño León Leiva Gallardo, al colombiano Humberto Uribe, a la puertorriqueña Johanny Vázquez y al chileno Alejandro Ferrer. *Fe de erratas* se volvió el puerto de entrada para todo hispanoamericano que quería internarse al mundo de la escritura creativa en Chicago.

Fue a partir del número 3 que además de cuentos y poemas, se incluyó algún ensayo; incluso en el número 6 se crea la sección *Colofón* en la que se incluyen ensayos, reseñas y artículos entre otras cosas. En el otoño de 1995, pese a que las ediciones eran cada vez mejores, se publicó el último número.

Sin duda éramos unos novatos en publicaciones y talleres literarios, pero de todos modos *Fe de erratas* adquirió presencia en la comunidad hispana de Chicago y llamó la atención en círculos literarios de algunas ciudades latinoamericanas; puedo asegurar que es la revista en español que más ha impresionado en Chicago. Cabe preguntarse por qué. Tal vez porque fue la primera revista cultural que se tomó a sí misma en serio; las personas que participaban en la selección de los textos que se publicarían los leían con meticulosidad antes de dar su voto a favor o en contra de tal cuento o de tal poema. Los encargados de la edición (artista, diseñador, correctores), sobre todo en los últimos cuatro números, parecieran ser partícipes de la creación de un nuevo ser.

Sin lugar a dudas lo que más brotó en ese huerto llamado *Fe de erratas* fueron narradores. Los poetas fueron escasos; si acaso dos, Jorge Hernández y León Leiva Gallardo. Y ensayistas solamente uno, Marco Antonio Escalante.

Para la primavera de 1997 este grupo de escritores en ciernes de nuevo se aventó al ruedo y sacó un tabloide llamado *zorros y erizos*. En esta publicación preponderaba la entrevista, el reportaje, el ensayo y la reseña, aunque también tenía sección literaria. Para principios de 1998, luego de siete ediciones, también *zorros y erizos* desapareció.

Es importante resaltar que durante los periodos en que no teníamos alguna publicación, nos reuníamos de vez en cuando para discutir algún cuento o algún poema; parecíamos nómadas de la palabra porque a veces la cita era en casa de Humberto Uribe, otras en la de Jorge Hernández o en la mía.

En el verano de 1999 otra vez volvimos a la carga y sacamos *Tropel*. Esta vez el grupo había crecido bastante. En las filas se encontraba el ya fallecido profesor John Barry, quien luego publicaría dos antologías de cuento hispano en Chicago; Jorge Frisancho, escritor peruano de cierto renombre; y om ulloa, una narradora cubana experimental. Pero *Tropel* no pasó del número 13. Esta vez junto con la revista se apagó también el taller.

Lo más meritorio de estos dos tabloides es que, en sus páginas, se manifestó de manera incipiente el ensayo-crónica, un género literario bastante complejo, y en nuestro grupo de escritores no había nadie que lo pudiera manejar por sí mismo.

Recuerdo que meses antes de que saliera el primer ejemplar de *Tropel*, dialogué con Raúl Dorantes sobre la necesidad que flotaba en la comunidad hispanoamericana de Chicago de explicarse a sí misma, que esa cultura inmigrante en castellano que había echado raíces en la zona metropolitana de Chicago requería ser narrada y explicada. Raúl me dijo que por qué no lo llevaba a cabo yo solo. Le respondí que ni él ni yo teníamos las herramientas literarias y teóricas para concretizar dicho proyecto:

—Llegamos tarde a la literatura y a la explicación social; somos como ese personaje de Alejandro Jodorowsky en *El Topo,* formado por un hombre sin brazos y por otro hombre sin piernas, pero el uno encima del otro los volvía un ser entero.

Esta imagen lo convenció e iniciamos esa travesía llamada ...*Y nos vinimos de mojados.* Inicialmente, pensábamos abordar el fenómeno cultural exclusivamente desde la vida del inmigrante, pero durante el desarrollo, nos dimos cuenta de que el hijo no solo formaba parte de la vida del inmigrante, sino que era un fruto esperanzador que lo rebasaba, pues en el padre residía en esencia el *Nosotros*; y en cambio en el hijo residían el *Nosotros* y los *Otros*.

Esta necesidad de explicarse a sí mismo que emanaba de algunas de las páginas de *Tropel*, hizo mella en un joven inmigrante muy inquieto que se acercó al grupo: José Ángel Navejas. La inquietud fue tal que luego de que obtuvo su certificado de educación básica (GED) y de sacar algunos créditos universitarios en un community college, ingresó a la Universidad de Illinois concentrándose en el área de filosofía. La discriminación que se manifiesta en el interior de las aulas universitarias hacia la lengua del intruso, hacia la lengua del que ingresó ilegalmente a la Unión Americana es muy sutil, tanto que hace soñar, hace creer al afectado que esa imperceptible agresividad es producto de sus propios complejos. Esas punzadas cotidianas de alfileres llevaron al escritor mexicoamericano Richard Rodriguez a sepultar su castellano aprendido en el seno del hogar, y a volverse especialista en la obra de Shakespeare. Como lo señala Tzvetan Todorov, este tipo de agresividad psicológica ataca directamente a la identidad del afectado. Esta agresividad, aunque en menor medida, la vivió también José Ángel Navejas en sus años de universidad; lo llevó a obsesionarse por escribir en inglés una serie de reflexiones en torno a su vida que inicialmente presentó con un título que hacía referencia a la identidad y a la filosofía; pero la editorial de su propia casa de estudios decidió ponerle un título más sugerente: *Illegal*. El disfraz que José Ángel se había ido tejiendo, se lo deshicieron los especialistas en marketing. Tu esencia no es que filosofes, parecían decirle; tu esencia es que eres un ilegal capaz de escribir sus ideas. "El que emigra una vez emigra para siempre", dice Milan Kundera. Con la intención de clarificar la circunstancia descrita en este párrafo, hago una variación en dicha máxima: El que ha sido indocumentado una vez es indocumentado para siempre.

Otra de las preocupaciones intelectuales de José Ángel Navejas ha sido buscar los orígenes de esta literatura en español que se ha ido gestando en Chicago en los últimos tres decenios. Pese a que al integrarse al grupo tuvo la oportunidad de convivir con los fundadores de esta cosa aún incipiente llamada literatura en español en Chicago, y también de revisar en su totalidad lo que el grupo había venido haciendo, Navejas llega a la conclusión de que una de las figuras centrales de este movimiento literario es Francisco González-Crussí. Éste llegó a Estados Unidos, siendo ya médico, a recibir una capacitación; a su término, ante la incapacidad de repatriarse y reintegrarse en el ámbito profesional de México, terminó migrando a Canadá para luego establecerse definitivamente en Chicago y desarrollar una carrera exitosa. Navejas escribe un ensayo muy largo en un intento inútil de integrar al movimiento literario en español en Chicago a este ensayista que ha escrito el grueso de su obra en inglés y cuya fama ya era considerable cuando apareció el primer número de *Fe de erratas*. Esta obsesión por querer poner como una de las figuras centrales a una persona cuya obra no refleja las necesidades de las comunidades de sus connacionales o de otros grupos de inmigrantes latinoamericanos en Chicago, responde a esa necesidad inconsciente (provocada por la discriminación y el racismo) de buscar tus raíces culturales en fenómenos que te alejen del estigma y, si es posible, que te lo borren: el estigma de haber sido o de seguir siendo indocumentado.

Me he detenido en la obra de José Ángel Navejas porque es sin duda el escritor con las mayores herramientas académicas para explicar este fenómeno literario en español surgido en Chicago en las últimas tres décadas; y estas formas inconscientes de actuar, producto de la discriminación y el racismo, nos mueven el foco y nos hacen perder claridad.

A principios de 2001, empecé a trabajar en el Lakeview Learning Center como maestro de GED en español (cursos de capacitación para inmigrantes hispanos interesados en obtener su certificado de high school) y allí, debido a la insistencia de algunos de mis alumnos, recomenzó el taller literario. Yo vivía en un edificio habitacional llamado Artists in Residence, el cual tenía a disposición de los inquilinos salones para que ensayaran ya sea bandas de música, grupos de teatro o para llevar a cabo reuniones como las que nosotros queríamos realizar. Y, otra vez, a la sexta reunión ya se estaba hablando de sacar una publicación. En el verano de 2002 nació *El Coyote*, revista cultural e indocumentada; se eligió ese eslogan porque casi todos los participantes eran indocumentados. De la decena de jóvenes que participaban en el taller sobresalieron el mexicano José Díaz —quien se regresó a México— y las argentinas Erika Buchancow y Yolanda Avellaneda.

En marzo de 2003, Ricardo Armijo se integró al taller. Por esos días, las tropas estadounidenses y sus aliados invadieron Irak. *El Coyote* era una revista de veinte páginas donde prevalecían el cuento y el poema, pero, desde la perspectiva de Ricardo, la circunstancia histórica nos demandaba sacar una revista más amplia que involucrara a la mayoría de los escritores hispanoamericanos resididos en Chicago; una revista en la que se debatieran en español diferentes temas, como el de la guerra, que afectaban directamente a la sociedad estadounidense en general, y a la comunidad latina en particular. Se convocó a una reunión a la que asistieron más de treinta latinoamericanos: el dominicano Jochy Herrera, el mexicano Julio

Rangel, los peruanos Marco Antonio Escalante y José Castro Urioste, entre muchos otros; y con el propósito de desarrollar y promover el arte y el pensamiento latinoamericano en Estados Unidos, en mayo de 2003 salió a la luz el número cero de la revista *contratiempo*.

Una constante: todas las revistas en las que me he involucrado en Chicago han iniciado con el número cero. Quizá estábamos aceptando que éramos nada y que desde esa nada hacíamos el primer movimiento, aunque luego de once o trece pasos nos cayéramos, y que era necesario levantarse y andar de nuevo, abrir camino en esta sociedad predominantemente anglo, en donde cualquier revista literaria o cultural en español parecía destinada al fracaso. O quizá pensábamos que nuestra acción era inútil, un cero a la izquierda.

El taller continuó en el sótano de la casa de Armijo y llegaron nuevos participantes, entre ellos el argentino Fernando Olszanski, quien ya había publicado la novela *Rezos de marihuana* en su país, y no tardó en convertirse en el director editorial de *contratiempo*. También por esa época llegó Stanislaw Jaroszek, un inmigrante polaco que decidió escribir sus cuentos en español. A principios de 2006, murió Ricardo Armijo y la oficina de la revista y el taller se mudaron a Pilsen. Allí llegaron los mexicanos Gerardo Cárdenas, Elizabeth Narváez-Luna y Marcopolo Soto; también el cubano Jorge García de la Fe, la colombiana Martha Cecilia Rivera y los bolivianos Verónica Lucuy Alandia y Miguel Marzana entre otros. Gerardo ya tenía una larga trayectoria como periodista y no tardó en volverse director editorial de *contratiempo*.

Una gran diferencia entre *Fe de erratas* y *contratiempo* es que los integrantes de la primera éramos escritores prácticamente inéditos; en cambio en la segunda muchos ya tenían obras publicadas; cabe destacar de esta docena de escritores al puertorriqueño Rafael Franco y al dominicano Reynold Andújar.

Como a Gerardo Cárdenas parecía molestarle mi presencia en el Consejo Editorial, opté por salirme a mediados de 2014 y dedicarme solamente a la coordinación del taller literario. Ya para fines de 2015 era evidente que había fallas serias en la distribución. Lo atribuí a que gran parte de las energías del grupo las estaba absorbiendo la organización del festival de Poesía en Abril, y cuando finalizó el festival del año 2016 (ya estando como nuevo director editorial Reynold Andújar), envié el siguiente comentario al Consejo Editorial:

> Estimados miembros del consejo editorial de la revista *contratiempo*. Hace más de seis meses le escribí a Moira Pujols, directora ejecutiva de *contratiempo*, y a Gerardo Cárdenas, director editorial en ese momento, para manifestarles mi preocupación porque tenía más de un año sin ver la revista en los lugares habituales donde la recogía, y que además muchos de sus lectores asiduos que me conocen me habían preguntado dónde la podrían conseguir. Moira me respondió diciendo que tomaría cartas en el asunto, pero las cosas siguen igual o tal vez peor. Cuando la revista apareció en mayo de 2003 se sacaron 5000 ejemplares que se distribuyeron en Chicago y en algunos suburbios. Ese tiraje se mantuvo por varios años y la revista se había vuelto parte de la vida de las bibliotecas públicas, de los colleges y universidades, de Pilsen, de la Villita y de sus cafés y centros comunitarios. Después bajó su tiraje a 4000 pero los espacios regulares se seguían cubriendo, pero no sé qué pasó en los últimos dos años que lo único que queda de la revista es su eco; y gracias a ese eco se han dado los dos últimos Poesía en Abril, gracias a ese eco se siguen haciendo eventos en la librería Donceles y en Cultura in Pilsen...,

pero los ecos se acaban y si no se vuelve a escuchar, a leer y a distribuir la revista *contratiempo*, todo lo que está cimentado en ella se desmoronará.

Como era de esperarse, Moira Pujols y Gerardo Cárdenas reaccionaron contra lo escrito; reproduzco la respuesta de Gerardo en la que de algún modo se sintetizan las dos:

Hablemos de ecos, Febronio Zatarain, que al parecer te gustan tanto. ¿Tú crees que con ecos se organizan nueve festivales internacionales de poesía a los que han venido poetas de la talla de Zurita, Cardenal, Mestre, Carreto, Sicilia, etc.? ¿Tú crees que con ecos se consigue la participación del Poetry Foundation? ¿O que se participa en ferias internacionales? ¿O se consiguen residencias artísticas en el Chicago Cultural Center? ¿O el apoyo de fundaciones? Y para ser ecos, bastante que acudes a los eventos, sobre todo cuando hay fiesta al final. Al parecer esas sí las oyes bien. Pero a la hora de organizar, ni ecos de ti. Todo depende con qué oreja se oiga. Y sí, gracias también por los augurios.

Hasta aquí las citas. Si usted analiza, lector, mi crítica era a la falla que se había dado en la distribución en los últimos dos años. *contratiempo* dio a luz en mayo de 2003, y su distribución fue consistente por toda una década. Con respecto a su calidad en diseño y contenido, hace aproximadamente diez años Carlos Tortolero, director del Museo de Bellas Artes Mexicanas en Chicago, en una reunión con el Consejo Editorial, nos comentó que él conocía prácticamente todas las revistas culturales en español en Estados Unidos y que *contratiempo* estaba por encima de todas, que sin duda era la mejor. En la actualidad, sería muy difícil sostener lo que Tortolero afirmó hace una década.

¿Qué fue lo que hizo que se desarrollara la literatura en español en Chicago?

A lo largo del siglo XX muchos poetas de Hispanoamérica y España estuvieron por cortos y a veces largos periodos de su vida en Estados Unidos: Jorge Luis Borges, Octavio Paz, Luis Cernuda, Gloria Fuertes y tantos otros, invitados primordialmente por una Universidad o porque fueron galardonados con alguna beca. De esas decenas de poetas de habla hispana que visitaron Estados Unidos en el siglo pasado el único que dejó una huella palpable en la comunidad latina, y en específico en la comunidad mexicoamericana fue Octavio Paz. ¿Por qué? Porque él cuando estuvo en California a fines de la década de 1940, le sorprendieron aquellos jóvenes de origen mexicano que usaban pantalones bombachos sostenidos por tirantes y sus sacos muy holgados, y lo inspiraron para escribir ese gran texto mítico-histórico titulado "El pachuco y otros extremos", con el que inicia su *Laberinto de la soledad.* Paz, con este ensayo, aró la parcela mexicoamericana, y cualquier estudioso social interesado en lo mexicoamericano (incluso algunos poetas latinos), toman como punto de referencia a Paz, a veces para cuestionarlo, a veces para legitimarlo. Los otros grandes poetas de la lengua hispana no araron en la tierra cuando pisaron Estados Unidos, cuando estuvieron en los recintos de la Universidad de Chicago o de la Universidad de Illinois. No les interesó ser viajeros; fueron huéspedes de la sociedad anglosajona; araron en las nubes; no vieron al puertorriqueño y al dominicano en Nueva York, no vieron al mexicano y al puertorriqueño en Chicago. No hay duda de la influencia de Borges en la comunidad académica y literaria estadounidense; pero su persona, su voz viva no maravilló a un inmigrante hispano.

Los poetas latinoamericanos y españoles invitados a Poesía en Abril han dejado huella en Chicago no por las Universidades que participan en el evento, sino por la revista *contratiempo:* Los poetas bajaron del Olimpo, como diría Nicanor Parra. Y gracias a esa escalera de *contratiempo* Antonio del Toro, Ernesto Cardenal, Hugo Mujica regaron con sus críticas los poemas en español nacidos en Chicago; gracias a esa escalera los poetas de Chicago pudieron leer a la par de Coral Bracho, Juan Carlos Mestre, Héctor Carreto, Raúl Zurita y de algunos otros. Los peldaños de esa escalera llamada *contratiempo* son sus lectores; de ellos han salido los escritores, a veces con experiencia, a veces novatos, que participan en sus talleres literarios; también de los lectores han salido los miembros del Consejo Editorial y también muchos colaboradores. Y la revista ha descuidado a esos lectores en los últimos tres años porque *contratiempo* desapareció de los lugares públicos ya mencionados. Esta escalera se ha descuidado, y su reputación de tres lustros la ha sostenido. Esos miles de lectores en los últimos tres años solo han escuchado el eco de *contratiempo* porque han dejado de recibirla, oyen que existe, pero ya no la ven, ya no la leen, no porque no quieran sino porque no está en ningún lado. Si queremos que los poetas sigan bajando del Olimpo hay que estar renovando los peldaños. ¿Y se están renovando?

Por desgracia, no. A principios de 2017 tomó la dirección editorial Marcopolo Soto y durante ese año se publicaron solo cuatro números (cuando todavía en 2015 salieron a la luz nueve números), y las cuatro ediciones estuvieron descuidadas, pues resaltaban las erratas. También a principios de 2017 solicité mi reingreso al Consejo Editorial y, pese a que era el coordinador del taller literario, no fui aceptado. Como noté que estaban buscando la manera de quitarme la coordinación del taller, yo mismo me eliminé.

Pese a la seria crisis por la que está pasando la revista *contratiempo*, la literatura en español en Chicago sigue creciendo. En lo que va del año 2018, se han publicado novelas, poemarios y alguna colección de cuentos de autores hispanos que residen en el área. Por eso me he atrevido a titular a esta crónica-ensayo *La Mancha*. No hay duda de que la lengua del Caballero de la Triste Figura ha extendido sus campos de batalla hacia un territorio disputado a lo largo de varios siglos por diversas lenguas, pero en el que ha predominado y sigue predominando la lengua de Shakespeare. Sin embargo, en las últimas tres décadas, *La Mancha* de los inmigrantes de habla hispana se ha ido expandiendo, sobre todo en las grandes urbes como Chicago, Miami, Los Ángeles, Nueva York...

En Chicago, la entrega al español ha sido tal que es muy probable que, dentro de una década, más del cincuenta por ciento de sus habitantes sea hispanohablante, tanto en el ámbito privado como en el público. Esa entrega a la lengua de Cervantes es lo que ha hecho posible el nacimiento del cuento, de la novela, de la poesía y del ensayo en español. Es el triunfo de ese millón y medio de hombres, mujeres, niños y niñas que diariamente ponen al castellano en alto. Sin duda el Rocín que desembarcó de las carabelas de Cristóbal Colón estará cabalgando por siglos desde el estrecho de Bering hasta el estrecho de Magallanes.

Raúl Dorantes

Querétaro, 1968. Emigró a la ciudad de Chicago a finales de 1986. Desde 1990 hasta la fecha ha sido parte de los consejos editoriales de varias revistas literarias en lengua castellana. Actualmente es parte del consejo editorial de *El BeiSMan*. En el terreno de la dramaturgia, la compañía Aguijón, asentada en Chicago, ha producido dos obras de Dorantes. En 2010, su obra *De camino al Ahorita* obtuvo el segundo lugar del certamen nacional Nuestra Voces, organizado por la compañía teatral Repertorio Español.

La Patria y el Teatro Mojado

Treinta radios convergen en el
centro de una rueda,
pero es su vacío
lo que la hace útil
~*Tao Te Ching*

La patria es para la gran mayoría un territorio con himno y bandera. Para un escritor es la literatura o la lengua. Para un pintor son las figuras que salen de sus pinceles y colores. ¿Cuál es la patria del inmigrante? ¿No es como agua que se evapora? Si los inmigrantes se preguntan por su patria es porque ésta se va volatizando. Dejan su pueblo y su país para llegar a otro sitio, y muchos descubren que no hay manera de que éste se vuelva suyo. Y los primeros en recordárselo son los nativistas, las leyes y los medios de comunicación.

Solo en la muerte nos emparejamos: ahí vale igual un alfa, un beta o un épsilon. Los personajes de *Un mundo feliz*, de Huxley, tienen en común el volverse fósforo. Los inmigrantes y los nativos habrán de hacerse polvo. Pero es en el camino hacia el polvo que se distingue el inmigrante. Camina en su cotidianidad acosado por la posibilidad de ser nadie. El nativo también llega a vislumbrar a su nadie; pero el confort y la estabilidad le permiten evadir el enfrentamiento; vive la ilusión de la pertenencia y del éxito, aunque a la vuelta de la esquina también lo espere la desilusión.

La ilusión del inmigrante no es mayor que la del nativo, pero su desilusión sí. El inmigrante da de lleno con el desencanto, y no le queda más que seguir adelante, en una especie de limbo ubicado entre la patria que dejó y la otra a la que ha llegado. Es una patria imaginada, efímera, sin escudo y sin bandera.

El inmigrante va dejando de pertenecer. No es parte del terruño que dejó ni de la urbe estadounidense a la que arriba. Tampoco es parte de la ciudad mexicana que abandonó ni del pueblito gringo al que llega. Los nativistas intentan borrarlo o por lo menos dejarlo como la "h" del alfabeto castellano; los políticos y sus voceros (los medios de comunicación) buscan asociarlo con la maldad; las instituciones le niegan sus documentos y sus derechos; y los ciudadanos en general lo marginalizan.

Pero la evaporación interna es la que realmente cimbra al inmigrante. El que trabaja de jornalero, de babysitter o en la cocina de un restaurante, siente la cercanía de la nada y regresa a la cultura que ya conoce. Se cobija por dentro para sentirse alguien. Y lo mismo sucede con el inmigrante que trabaja de periodista, enfermero, maestro de primaria o en otros oficios de la clase media.

Al inmigrante le cuesta doblar cariñosamente la bandera de su terruño. No puede aceptar que su nacimiento y su pasado fueron fortuitos. El reino al que aspira, si se fija bien, no es el Sueño Americano ni el de los cielos. Acaso intuya que en la nada podrá encontrar un acercamiento a la felicidad.

Ningún estudioso ha podido atrapar y describir una cultura hecha de humo. ¿Qué es el espánglish sino un híbrido que muchos desprecian? ¿No son los días festivos tradiciones congeladas que solo disminuyen por un ratito nuestra desolación? ¿Quién puede apreciar esas manifestaciones que nos acercan a una contracultura, expresiones que se van articulando desde la periferia? No el downtown sino el barrio, calles y callejones en los que se intenta recrear el México que se fue. El inmigrante remeda lo que trae empolvado en la memoria, pues por uno o dos días hay que darle cuerpo a la nada: el cinco de mayo, el quince de septiembre...

Hay manifestaciones políticas que reivindican los derechos de los inmigrantes: documentos de residencia, licencias para conducir y reconocimientos laborales. Pero una vez terminada la marcha o el picket line, cada quien retoma su identidad latina, hispana o se vuelve a poner la camiseta nacional. Se cubre del desamparo. Ya en la vida diaria nos incomoda la etiqueta inmigrante por todo lo que implica socialmente.

El inmigrante nunca se propuso trascender su mexicanidad (o cualquiera de sus identidades), pero el migrar lo ha obligado a ello. La diferencia entre el nadie del inmigrante y el de un monje budista es que éste busca borrarse y realiza su viaje con la conciencia en alto. El inmigrante, ante el acoso de ese nadie, se evade: tal vez le falta disposición y silencio. Solo hay estelas en la mar, decía Machado, que desaparecen con prontitud. Dichas estelas las alcanza a ver el inmigrante y se horroriza. ¿Quién no lo haría? Y ante el desamparo, buscamos refugio en el pasado y en las quimeras que ofrece el consumo en la nueva tierra.

Si fuésemos capaces de reconocer a ese nadie que somos (o que nos espera), nuestra cultura agarraría vuelo, vitalidad, y echaríamos raíces no en un país ni en una nación sino en el mundo mismo. Quizá la humanidad daría un salto no de longitud sino de altura. ¿O, en vez de altura, debería decir profundidad?

Si un inmigrante ya tiene años viviendo en la nueva tierra, y entra en los caminos del arte, y solo reproduce lo que vio en su país de origen, ¿podría llamarse a sí mismo artista o inmigrante? Al no mirar la realidad de su entorno, empieza a negar su ser. El artista inmigrante se va volviendo consciente de su circunstancia; mira los surcos en la mar y eso se refleja poco a poco en su quehacer. No busca imitar las expresiones artísticas que corresponden al tiempo en que era alguien. Cuando el artista inmigrante asume su condición de nadie, tal como el monje budista o el religioso que se borra, la cultura que ya tiene deja de ser su refugio. Esa cultura le sirve como instrumento para comunicar los vaivenes de su camino de humo.

Todo creador debería ser consciente de ser nadie. El artista inmigrante con mayor razón, pues ya tenía conciencia de la nada antes de ser creador.

El del inmigrante es un arte despreciado. Ni el inmigrante de a pie lo reconoce; es más, lo rechaza, pues le recuerda su vacío, su caminar hacia la nada. La música de una región complace a la gente que allí vive. La pintura moderna la aprecian los modernos. El teatro militante lo siguen los activistas. El del inmigrante es un arte sin casa, pero con los pies sobre la tierra.

El teatro en español en Chicago ha optado por lo ya conocido, que pueden ser obras de la literatura universal o bien obras que describen la realidad latinoamericana. Se ha desdeñado la realidad local de la misma manera en que el inmigrante de a pie se aferra a una bandera. La inmigración se mueve en diversos contextos y tiene una variante de temas. Se puede montar una obra sobre una redada, sobre las dinámicas en un restaurante o sobre un pleito de pandillas. El gran tema de la migración es, sin embargo, el ser desesperadamente alguien, pero lo que subyace es el sentimiento de no pertenencia, el vacío, el ser nadie. ¿Cómo plasmar ese sentimiento en un escenario? ¿Cómo atrapar lo que es volátil y mostrarlo con decoro de una manera teatral? ¿No será el vacío nuestra patria más profunda?

El silencio es lo que nos permite cristalizar ese sentimiento. Toda gran obra de arte respira serenidad. Nos llenan de silencio las pirámides teotihuacanas y las catedrales góticas, así como *La piedad* de Miguel Ángel o *Trigal con cuervos* de Van Gogh. Sucede lo mismo con el teatro: en *Hamlet, La vida es sueño* y *Esperando a Godot* al tiempo que reflexionamos entramos en el silencio. El teatro mojado no aspira a menos. Nos invita a la reflexión y a la contemplación; es antiguo porque aborda los temas que han inquietado desde siempre al ser humano, y es actual porque los presenta en sus nuevas circunstancias. El teatro mojado se ha convertido en un mecanismo para observar los borradores externos y los de adentro. Un medio para mirar los ruidos desde el silencio. Acaso en el escenario los inmigrantes se vean verbalizados y representados.

A través de Colectivo el Pozo, compañía teatral de Chicago, he intentado plasmar las temáticas que atañen al inmigrante (el cruce por el desierto de camino al norte, el encuentro de identidades, la deportación, etc.) así como el tema central: el vislumbre de la nada. Esto se manifiesta sobre todo en tres de las doce producciones de dicha compañía: *El campanario, Allá en San Fernando* y *El edificio*.

El campanario se podría ubicar en el teatro del absurdo. Tres de los cinco personajes hacen una cita para ingresar a un extraño campanario, que simboliza el fin de la vida que conocen o que han llevado. La paradoja estriba en que quien entra a la torre, ya no puede salir. Cuando alguien cruza el umbral, las campanas se activan de inmediato y producen el sonido más bello. Los personajes que ingresan al campanario son Librado (un anarquista trasnochado), Olef (un místico) y Salustia (una mujer ignorada desde siempre).

En *Allá en San Fernando* vemos a tres mujeres (una centroamericana, una caribeña y una mexicana) que trabajan indirectamente para el Cártel del Puerto. Los enemigos, del llamado Cártel de la Letra, las toman prisioneras, las interrogan y las decapitan, todo frente a una cámara de video. Posteriormente las mujeres rearman sus cuerpos e inician un caminar por un espacio que nos recuerda al *Purgatorio* creado por Dante, el poeta florentino. En ese caminar, las mujeres hallan de nuevo a sus verdugos y ellas son ahora las que se encargan de interrogarlos. Las tres buscan la casa de dios y la encuentran. Abren la puerta de esa casa y dan con el vacío.

El edificio nos describe las últimas cinco horas de vida de una construcción octogenaria ubicada en un barrio obrero de Chicago. La portera, de nombre Herminia, opta por permanecer en el interior hasta las seis de la mañana, hora en que habrá de ser demolido. Herminia es originaria de la Argentina; llegó a principios de la década de los ochenta para vivir con su madre (portera de entonces) y para dedicarse a escribir relatos. En estas seis horas Herminia recuerda las historias de varios inquilinos, inmigrantes de Latinoamérica, Polonia y Palestina, incluso la historia de una chinche. Un personaje creado por ella, el pícaro Amadeo, también la acompaña en sus postrimerías. Todos ellos conviven en la memoria de Herminia. El único personaje con quien Herminia no interactúa es una mujer indígena que representa la tierra sobre la cual se halla el edificio. Al final de la obra, cada columna y cada viga se derrumba, todo vuelve a la nada.

El sentimiento de la nada nos permea a todos. Pero se da de un modo patente entre los inmigrantes, acaso por haber abandonado el terruño, acaso porque entramos a empujones en la modernidad. No es casual que la nada ocupe un lugar central en la filosofía del siglo XX. Debido a la muerte de dios, lo que le ha quedado al hombre moderno es la nada, y eso es angustiante. Enfrenta dicha angustia con espectáculos y viajes, con horas de trabajo, de shopping y de gimnasio; trata de darle sentido a su existencia cada día.

El dramaturgo francés Antonin Artaud señalaba que los escenarios deberían servir para mostrar las crueldades de la vida, la parte oscura de la que preferimos no hablar; que el teatro sirviera como mecanismo para activar la conciencia. Lo mismo se puede decir del teatro mojado; que las tablas sean un medio para que los espectadores sean más conscientes de que en el fondo somos nadie, palabra que no puede ser singular ni plural, palabra que señala lo volátil.

Si algo debe mostrar el teatro y el arte inmigrante es la patria a la que éste pertenece: la nada.

Olivia Maciel-Edelman

Recibió su doctorado en literatura en la Universidad de Chicago. Ha impartido cursos de literatura española y latinoamericana en la Universidad de Chicago, la Universidad de Illinois, la Universidad de Northwestern y Loyola. Entre sus distinciones se encuentran el Primer Premio de poesía en español (Northeastern Illinois University 2014), el Premio de Plata por mejor poesía en traducción por *Filigrana encendida* (*ForeWord Magazine* 2002), el Premio Casa del Poeta por *Más salado que dulce* (Nueva York 1996) y el Premio Cuerpo Consular por su ensayo en honor de Sor Juana Inés de la Cruz (Houston 1993).

DE MÉXICO A CHICAGO: ESCRIBIENDO EN LA CASA DE LOS SUEÑOS...

Una casa, ¿qué implica habitarla? ¿Dejarla?

Una casa se compone de techo, paredes, suelo, cocina, recámara, sala, baño, tal vez una terraza, o un patio, macetas, algo de muebles, pero también de todo aquello intangible que trasciende de esos objetos, y del sentido de lugar. Y lo que emana de esos seres humanos que conviven con nosotros dentro de su edificación es también hogar. Según Walter Benjamin los objetos poseen un misterioso magnetismo que nos llama; pues si no fuera así, ¿cómo entonces los hubiéramos nombrado? Cito: "si la lámpara y la montaña y la zorra no se comunicaran con los seres humanos, ¿cómo podríamos nombrarlas?" Casa quizá signifique de algún modo habitar el lenguaje, pues es a través del lenguaje que soy capaz de percibir, concebir, y expresar aquello que deseo dar a entender a través del vocablo 'casa'.

Zócalo

Nací en la ciudad de México y crecí muy cerca del Zócalo, en lo que hoy se considera el Centro Histórico, en calles aledañas a Palacio Nacional, la catedral, y la Plaza de Santo Domingo con su imponente estatua de Doña Josefa Ortiz de Domínguez. Nuestro departamento se localizaba en un edificio que quedaba en contra esquina de la Secretaría de Educación Pública en el mero corazón del centro de la ciudad enmarcado por su arquitectura colonial y recién descubiertos restos arqueológicos de las culturas precolombinas. Por todo alrededor nuestro había grandes edificios con gruesos muros y altos techos construidos hacía varios siglos.

Vivir en contra esquina de la Secretaría de Educación era conveniente pues nos era fácil a mamá y a mí pasar cada mes a la oficina donde recibía mi cheque de becaria por haber recibido excelentes calificaciones durante el primero y segundo año de primaria; esos cien pesos eran mucho dinero en aquellos años. Mis padres decían sentirse muy orgullosos de mí por haber sido galardonada con aquella pequeña beca.

Mi ascendencia es compleja y variada. Mis abuelos paternos provenían de España y Portugal, y los maternos del norte de Italia. Algunos ancestros míos provenían del México mestizo y seguramente tengo alguna abuela o bisabuela maya. Más adelante caí en la cuenta de que heredé una compleja mezcla mexicana y sefardí, y aunque nací en la ciudad de México, la mayoría de mis abuelos y familiares vivían en Veracruz. Hoy día, aún me encuentro descubriendo las varias capas de mi herencia ancestral. En cuanto a las profesiones de mis padres, mi mamá era maestra de primaria y mi padre médico cirujano y anestesista. Mis padres continuamente nos inculcaron el estudio y la perseverancia para realizar metas, sueños e ilusiones a mi hermano y a mí.

En el Centro Histórico de la Ciudad de México se encuentran algunos de los edificios más antiguos de las Américas. Nosotros vivíamos a una cuadra de la Escuela Nacional de Medicina, la más longeva facultad del continente. Una sección de esa antigua construcción que ocupaba casi una cuadra entera conformaba las cámaras de tortura de la Santa Inquisición en el Nuevo Mundo. Una vecina mía solía llevarme ahí algunas veces cuando íbamos a hacer algún mandado. Era un lugar oscuro, húmedo, que exhalaba un rancio olor a orines. Recuerdo cómo la vecina me pellizcaba las mejillas con sus uñas largas mientras mirábamos esas herramientas de muerte y persecución. A una cuadra más o menos, quedaba la escuela de San Ildefonso, otro edificio de gran belleza arquitectónica con un patio interior y corredores revestidos de arcos, donde diera clase el poeta Ramón López Velarde, y estudiaran varios miembros del grupo Los Contemporáneos; poetas como Xavier Villaurrutia, Salvador Novo y Octavio Paz.

Siendo pequeña comencé a explorar la ciudad. Algunas veces me atrevía sola, y algunas con mis compañeras de colegio. Descubrí que la ciudad de México era un lugar fascinante para la imaginación. Recuerdo cómo caminaba por la ciudad sintiéndome asombrada ante sus calles laberínticas y repletas de gente siempre revelando algo inesperado. Había agradables sorpresas en las antiguas librerías en la calle de Donceles donde era posible encontrar libros de historia de todos los países y todos los periodos. Muchos de los barrios eran representativos de algún oficio, con cada rincón emanando sonidos u olores particulares a su quehacer; el de los carpinteros, el de los joyeros, el de los curtidores de piel, el de las costureras de vestidos de boda y quinceañeras, el de papelerías, el de los doctores, el de los tapiceros, el de los herreros. En contraste al orden urbano que se observaba en los barrios dedicados a los oficios, había otros donde prevalecía un caos total, sin numeración en las calles, y donde era muy fácil perderse. Como dijera en su día André Bretón durante su estancia en el país, "México es el país surrealista por excelencia en el mundo".

La mayor parte de las áreas citadinas en las que transcurrió mi infancia y adolescencia eran agradables. En el centro uno podía encaminarse hacia la Alameda y deambular por sus senderos admirando los rosales, los sensuales desnudos de sus esculturas, las refrescantes fuentes. Otro sitio a visitar era el Museo de Bellas Artes con sus espectaculares naves construidas en mármol de Carrara, o podía uno caminar hacia uno de los muchos mercados tales como el Abelardo L. Rodríguez, o el de La Merced (el más grande de su tipo en el continente), donde uno podía encontrar nopalitos, flor de calabaza, todo tipo de frutas como tejocotes, nanches, pitahayas, melones, sandías, piñas, naranjas, albaricoques, plátanos, mangos, guayabas y mameyes. Había bodegas donde se vendían todo tipo de mole, churrerías, panaderías, cervecerías, cantinas, oficinas gubernamentales e infinitud de otros lugares de gran interés y fascinación.

Cuando tenía alrededor de nueve años nos mudamos del centro de la ciudad a la colonia Roma-Condesa. Una colonia viene siendo un barrio en la ciudad de México. En 1920, a través de varias ordenanzas, de 26 a 32 colonias en la ciudad fueron fundadas. Hay toda clase de colonias pintorescas en la ciudad como Coyoacán, con su impresionante arquitectura, y museos como la Casa Azul (antigua residencia de los pintores Diego Rivera y Frida Kahlo); Polanco, con sus calles bordeadas de árboles y nombradas en honor a poetas y escritores como Petrarca, Horacio, Leibnitz, Lamartine, y con el Museo Nacional de Antropología; o las colonias Roma y Condesa, con todo tipo de galerías y restaurancitos. Era un gusto salir a caminar, y escuchar alrededor nuestro otros idiomas y visualizar otras experiencias de vida. En 1920, una gran ola de judíos (sefardíes y askenazis) se mudó a esta área. El yiddish se escuchaba con frecuencia por los alrededores del parque México. El judeo-español era, y es, lenguaje de frecuente uso entre sefardíes llegados de Turquía y Grecia. También llegaron a México inmigrantes de otros países (Argentina, Cuba, Líbano, Polonia, Italia, entre otros). La ciudad de México es verdaderamente cosmopolita. Entre algunos artistas europeos de la década de 1940 se encuentran Paalen, Carrington, Gerzso, Horna y otros.

En 1930 un significativo número de refugiados españoles que huía de la guerra civil llegó a México. Entre ellos se hallaban poetas como Manuel Altolaguirre, Luis Cernuda, Emilio Prados y León Felipe. También llegaron mujeres de la talla de Remedios Varo, (pintora), y María Zambrano (filósofa). Recuerdo cómo, junto con una amiga, hija de refugiados españoles, a veces por la tarde leíamos en voz alta la poesía de Neruda: "…inclinado en las tardes tiro mis tristes redes a tus ojos oceánicos…".

De modo que casa es cuerpo, es el sitio material donde el cuerpo se nutre, reposa y pernocta, pero es también el barrio, la ciudad, el país, el mar, el mundo. Casa es el lenguaje donde vive la imaginación. Aún hoy día, viviendo fuera de México escribo en español; mi idioma nativo que me permite nutrirme y pernoctar, vivir, amar, conectarme a mi infancia, a mis memorias, aún si es un espacio dentro de otro espacio en el que otros idiomas también se expresan. Siempre encuentro un refugio aquí, en estas palabras, en este lenguaje que lleva una preciosa carga cultural, lingüística e histórica. La que aún exploro y me sorprende…

En nuestro departamento escuchábamos los pregones de varios vendedores anunciando sus ofertas, al de los pepinos espolvoreados con chile piquín, sal y limón, al de los camotes y plátanos dorados, al que traía los garrafones de agua. En las esquinas, sentadas sobre el piso, no era raro ver a mujeres indígenas en indumentaria oriunda vendiendo naranjas o limones.

Nuestras estancias en la ciudad de México se complementaban con viajes al Puerto de Veracruz. La primera vez que vi el mar fue inolvidable. Después de un viaje de unas 12 horas por autobús, había azul por todas partes. Esa vista del mar provocó en mí asombro, sensación de libertad, gozo, temor y hasta soledad; comunión con algo muy grande, hermoso y misterioso. ¿Qué podría decir sobre la primera vez que escuché el rítmico rumor de las olas? Su cadencia hipnótica. ¡Tanta agua contenida en tan gran caudal! ¿Cómo sería algo así posible? El mar como fase iniciática hacia la aventura del descubrimiento en el mar de las palabras.

Durante mi adolescencia también viajé cada verano con un grupo de compañeras de colegio a remotos asentamientos en la sierra alta de Oaxaca, y convivimos con miembros de las comunidades zapotecas, triques y mixes. No solo llegamos preparadas para impartir talleres de alfabetismo, sino que también fuimos instruidas en la honorabilidad y satisfacción del trabajo en equipo. El trabajo en equipo, o "tequio" es una tradición en estas comunidades. En Oaxaca supe por primera vez algo sobre las mariposas monarca, pero no sabía nada sobre su larga travesía hacia Estados Unidos y más allá de esas tierras. ¡Qué sorpresa fue para mí cuando años más tarde vi en Chicago una mariposa monarca! Ahí se alimentan del néctar del algodoncillo y varias otras flores. Esas mariposas conectan lo que, a veces, parecen ser mundos tan disímiles. Aprendiendo a pensar de modo antropológico provocó que comenzara a mantener un diccionario con todo tipo de vocablos, y más adelante, cuando hice un viaje con alumnos de la Universidad Iberoamericana a Chihuahua, me familiaricé con palabras tarahumaras tales como *rarámuri* (que significa ser corredor). Los tarahumaras creen que nuestras vidas se conforman de una serie de pasos, y que cada paso que tomamos en esta tierra determinará si al final de nuestros días terminamos con un corazón fuerte y justo.

Boston

A una edad joven me casé y nos mudamos a Boston. Ahí conocí a un gran número de poetas e intelectuales. Durante una de nuestras celebraciones de la pascua judía nuestro departamento se llenó de estudiantes de varias universidades. Entre los comensales se hallaban varios poetas; Denise Levertov, Phillip Levine, Mark Pawlak y otros. Gran parte de la discusión giraba alrededor del tema de la libertad. ¿En qué sentido somos o no libres? ¿Qué hemos de hacer con ese privilegio? ¿Cómo procedemos significativamente de las ideas a la acción? Estas preguntas aún me confrontan hoy día, mientras escribo y me desempeño en Chicago.

¡Qué impresión fue ver nevar por primera vez! Fue quizá tan impactante como cuando vi el océano por primera vez. Nos encontrábamos conversando una tarde de invierno en el porche de la casa de una amiga cuando los copos de nieve, pequeñas plumillas blancas, comenzaron a descender. Y el cielo y todo alrededor suyo comenzó a inundarse con estas delicadas y tersas plumillas blancas. Me di cuenta que sentía frío a la vez que enrojecimiento y calor en las mejillas, algo que nunca había sentido antes, y recuerdo que me incliné hacia el suelo y tomando un puño de nieve en la palma de mi mano me lo llevé a los labios. Sentí la nieve derretirse y tener un sabor tan puro y delicado como el de las puntas de pequeños alfileres congelados. Había algo de prohibido a la vez que de sagrado en el hecho de tomar un puñado de nieve para llevarlo a los labios. Así comenzó mi encantamiento con el invierno y su silencio

Ser mexicana y norteamericana es un proceso enriquecedor a la vez que un reto. Descubro mi herencia ancestral y cultural mientras continúo agregando capas de significado a mi ser, así que evoluciono. Algunas veces hay quienes no entienden la complejidad de mi herencia cuando me catalogan sencillamente como mexicoamericana, pero ese era el mismo caso cuando vivía en México, y la gente me veía como mexicana. Pienso que ese sería el caso en virtualmente cualquier sitio. Como decía Octavio Paz, los atenienses inventaron la ofensa del 'ostracismo' para aquellos que eran sospechosos. Y el extranjero siempre es un sospechoso.

Debido a mi complejo trasfondo ancestral y cultural, así como a mi apariencia física, y otras circunstancias, algunas veces se me percibe como foránea o extranjera. Esto sucede algunas veces en mayor o menor grado, y puede suceder en cualquier sociedad y en cualquier país. Ese ha sido el caso del pueblo judío a través de la historia, y ha sido el caso de varios otros pueblos en el mundo. En su día, a los miembros del grupo de escritores Los Contemporáneos se les acusó de ser cosmopolitas, francófilos, y traidores a las tradiciones mexicanas. La xenofobia frecuentemente se vincula a campañas políticas. Nos corresponde a nosotros, como individuos y ciudadanos del mundo, mantenernos activos en el proceso histórico, y comunicar, educar y continuar expresando la complejidad de los mundos y las maneras de ser.

En Boston desarrollé mi escepticismo y capacidad de reflexión, así como una mayor conciencia feminista. Comencé a entender mejor la historia de Estados Unidos y leí con gran interés a Thoreau, Emerson, y la historia de los primeros colonos y su movimiento de independencia. Fue durante mi primer contacto con Estados Unidos en Boston que tuve oportunidad de leer al poeta Walt Whitman. La influencia de ese amor por la naturaleza que emanaba de la filosofía de Emerson era notable en la obra del gran poeta. La sensualidad de sus versos, el efluvio de su creatividad prolífica y fluida me impresionaron por su destreza para conmover al lector, para lograr que, a través de su poesía, quien le leyera lograra sentirse parte del cosmos aún si solo a través de una hoja de pasto. También supe de la existencia de mujeres extraordinarias como Margaret Fuller, pionera en el movimiento emancipador de las mujeres estadounidenses, y una reconocida exponente de la filosofía del trascendentalismo que busca unificar el poder de la mente y las ideas al espíritu de la naturaleza. Ese sentido de desarraigo y desorientación que me habían agobiado desde mi llegada a Boston se mejoraba un tanto cuando me hallaba junto a la costa. Gocé mucho visitando Cape Cod, Rhode Island y Vermont. Sentía que las aguas del Atlántico que bañaban las costas de Nueva Inglaterra eran las mismas que acariciaban las costas de Veracruz. Siempre he sentido que todo el mundo está interconectado, y Boston me ayudó a profundizar sobre esta noción.

Chicago

Después de un cierto tiempo en Boston nos mudamos al Medio Oeste. Chicago, la ciudad esmeralda como la denomino por la hermosura de su horizonte frente al asombroso lago Michigan, es donde he vivido la mayor parte de mi vida en Estados Unidos. Chicago y el lago Michigan representan un hogar para mí. No sé lo que hubiera hecho de no ser por la maravilla de ese hermoso cuerpo de agua, con sus exquisitos y cambiantes tonos en azul turquesa, verde, aguamarina, azul metálico, verde salvia, azul áureo y lavanda.

Illinois en la soledad de sus doradas praderas y sus imponentes y melancólicos establos rojos. Chicago, la ciudad de "los grandes hombros" para Carl Sandburg, y para muchos otros poetas y escritores, aún la ciudad de los grandes sueños.

Mis dos hijas crecieron en Highland Park, un suburbio de Chicago, y mientras eran pequeñas, me dediqué a las traducciones, a escribir poesía, y a trabajar como periodista independiente para varias publicaciones. Después continué con estudios de maestría en la Universidad de Illinois en Chicago, y más adelante obtuve el doctorado en la Universidad de Chicago.

Casa es algo más que las paredes, el techo, y el piso que delimitan su espacio. Es también el entretejido de las relaciones y lazos que establecemos y cultivamos con nuestros seres queridos y la comunidad alrededor nuestro. Hogar es el refugio al que llegamos con nuestros talentos, errores y fallas, buenas intenciones, y éxitos o fracasos. Hogar es el sitio en el que buscamos lo que nutre emocional y espiritualmente y nos da energía para seguir adelante a pesar de las limitaciones, es el lugar en el que perseguir el perdón, el ser comprendido y comprender y el comenzar de nuevo. Más allá de todo eso tangible e intangible, el ser lo expresamos a través del lenguaje.

Como mexicana y norteamericana, México está siempre dentro de mí, pero paradójicamente, ¡descubrí otro México cuando llegué a Chicago! Chicago es una ciudad estimulante; es la quinta en términos de población hispana en Estados Unidos. Hay aproximadamente dos millones de hispanos en esta ciudad, la mayoría de origen mexicano, pero la población hispanoparlante también incluye inmigrantes de España y toda América Latina. El español se habla en todas las esquinas ¡y el lenguaje es intrínseco al término *hogar!* Chicago es una ciudad vibrante, cosmopolita e internacional. Un viaje corto por automóvil o transporte público, o un paseo a pie, y se encuentra uno en una variedad de barrios, escuchando idiomas de todo el mundo. Durante el verano el malecón junto al lago es un microcosmos de convivio internacional. Chicago no tiene su East Side como Nueva York, o tiene uno, el lago Michigan, con su horizonte de agua dulce, su "pradera azul".

Conforme mi 'yo' intangible evoluciona, el término mexicoamericana hace referencia a un estatus cultural y nacional, mas no refleja mi herencia española, italiana, portuguesa, sefardí, ciertamente mexicana, y tal vez maya, y no dice nada acerca de mis tradiciones, gustos, personalidad; tampoco dice nada acerca de mi evolución intelectual, o de mi aprendizaje en torno al arte de las letras. De cualquier modo, ese es el caso de todo ciudadano e individuo, a quien se percibe solo a través de una etiqueta, cualquiera que ésta sea. Creo que es responsabilidad mía, como profesora y escritora que valora al lenguaje como un don que nos permite comunicarnos a la vez que nos ennoblece, el utilizarlo para intentar comunicarnos más allá de las circunstancias, para ver más allá de las apariencias, para intuir, para persuadir y para transformar, hasta donde sea posible, esas reduccionistas y estrechas etiquetas, para intentar revelar nuestra compleja y trascendental humanidad.

Escribir en español en Estados Unidos

Estados Unidos de Norteamérica experimentan hoy día la hispanización de su cultura y su idioma. Estados Unidos es un país de inmigrantes que provienen de muchas partes del mundo y que ha crecido gracias a sus múltiples y extraordinarias contribuciones. Este país continuará creciendo en riqueza cultural, complejidad y tradiciones, en tanto evolucione hacia nuevos esquemas, capaces de abrazar y celebrar las diferencias culturales de sus habitantes.

Llegué de México con amor a la riqueza y complejidad que había encontrado en la escritura de Sor Juana, Rulfo, Fuentes, Paz, Guillén, Mistral, Cervantes, Lorca, Neruda, Borges, por mencionar algunos, pero en Estados Unidos también hallé el panteísmo de Emerson, la sabiduría de Thoreau, las dimensiones cósmicas de Blake y Whitman. México vive en mí y también Estados Unidos de Norteamérica viven en mí. Escribir poesía, ensayos, el desenvolverme como profesora en Chicago, constituyen un reto a la vez que una cornucopia en la que continuamente se recogen frutos inesperados y satisfactorios. ¿Por qué es un reto? Porque aún hace falta crear conciencia, alimentar el gusanito de la curiosidad por el gusto a la lectura entre el público en general, entre las nuevas generaciones de lectores. Aún falta incrementar talleres de escritura en las bibliotecas de los barrios hispanos de las ciudades norteamericanas, e integrar más clases de escritura creativa en español en los niveles de primaria, secundaria, colegios comunitarios y universidades. Porque a veces me pregunto si me autocensuro y si es así, qué me lleva a hacerlo, y eso es siempre un reto. Y algo que me hace mucha ilusión sería el que algún día hubiera una Casa del Poeta en Chicago donde se contara con una biblioteca de libros en español y espacios para llevar a cabo talleres, lecturas literarias, y donde los escritores pudieran soñar, pensar y escribir.

Escribir en español o en cualquier idioma es un quehacer individual que se nutre en comunidad

Entre aquellos frutos que ofrece la cornucopia de escribir en español en Chicago está el poder relacionarme con un pequeño mundo de escritores que poco a poco ha ido creciendo. Hace algunos años, en la Universidad de Illinois en Chicago, conocí a un grupo de alumnos y profesores que editaban una revista literaria dentro del Departamento de Español. La publicación se llamaba *Abrapalabra*, y a través de mi colaboración con el pequeño grupo editorial, (entre ellos los profesores Leda Schiavo, y Graciela Reyes, y los alumnos de doctorado Eduardo Urios Aparisi y Bernardo Navia), descubrí que había también escritores en la comunidad hispana de Pilsen y sus alrededores. Más adelante surgieron otras pequeñas revistas literarias en las que se combinaron esfuerzos tanto por parte de escritores provenientes de la academia, como por parte de escritores de la comunidad no académica (había un doctor, varios editores de libros de texto, escritores independientes, colaboradores de varios diarios y traductores). Entre estas revistas vienen a mente *Fe de erratas, zorros y erizos, contratiempo* y *Tres Américas*.

Después de un tiempo, además de enviar nuestros poemas, o pequeños ensayos sobre arte y cultura a estas pequeñas publicaciones, tuvimos la suerte de que *contratiempo* (Gerardo Cárdenas, Raúl Dorantes, Febronio Zatarain, Franky Piña, Moira Pujol, Jochy Herrera, Ricardo Armijo y otros escritores) comenzaran a ofrecer talleres literarios en Pilsen a jóvenes escritores. Ahora también existe una revista digital: *El BeiSMan*. Así, un pequeño público de lectores fue creciendo, y a esto se aunó el Festival de Poesía en Abril, que comenzó a promover el Departamento de Modern Languages de la Universidad de DePaul (a través del ahínco de la poeta y profesora Juana Goergen). El festival logró atraer poetas de España y toda América Latina. Entre poetas de renombre vinieron Arturo Zurita, Luisa Futoransky, Ernesto Cardenal, Olvido García, Miguel Casado, Verónica Lucuy, Ana Merino, Homero Aridjis, Vanessa Dross, entre otros, y se han llevado a cabo presentaciones de libros tales como la de la obra literaria del escritor mexicano Roberto Ransom con traducción al inglés de Dan Shapiro de su obra *Desaparecidos,*

Animales y Artistas / Missing Persons, Animals, and Artists (Swan Isle Press), la traducción del poeta peruano Luis Hernández por Anthony Geist (Swan Isle Press), antologías editadas por Pandora/ Lobo Estepario (Miguel López Lemus), y ha habido la colaboración de varias organizaciones culturales con estos eventos por parte del Museo Mexicano de Bellas Artes, el Instituto Cervantes en Chicago, UNAM Chicago y varias otras. Este público y estos eventos nos nutren e inspiran pues nos exponen a innovadoras perspectivas, nos adentran en otros mundos, y ayudan a mantener vivas nuestras memorias.

Camaradería, compañerismo, convivio, estímulo, inspiración, memoria, crecimiento, abrazo, ensoñación, alba, luna, vida, caricia, son algunos de los vocablos que asocio al poder escribir en español en Chicago. Escribir en Chicago, e ir formando parte de un grupo naciente de escritores que principalmente se ve relacionado y vinculado a la tradición literaria hispanoamericana aunque residamos en Estados Unidos, constituye una gran fuente de inspiración y estímulo. Estados Unidos es la nueva frontera de la cepa virgen que dé origen a nuevos frutos de la literatura en español (la literatura en español no se confina solo a España y Latinoamérica sino que también entra en juego con la producción literaria que viene surgiendo en Estados Unidos de América). Cabe mencionar a grupos de escritores como los del "Crack", que expresa ruptura vanguardista (Jorge Volpi, Eloy Urroz, Ignacio Padilla, Angel Palou), o los de "McOndo" (Edmundo Paz Soldán, Alberto Fuguet, Sergio Gómez y otros). En efecto, últimamente hay un buen número de premios literarios que ofrecen varios tipos de instituciones culturales, así como algunas universidades norteamericanas a través de sus Departamentos de Español.

A pesar de ser renuente a enviar manuscritos a los concursos literarios, tengo la fortuna de haberlo hecho en contadas ocasiones y haber recibido reconocimientos que agradezco profundamente y que me han servido como acicates para continuar en brega. En 1993 recibí el premio Poet's House (La Casa del Poeta), Nueva York, por mi poemario *Más Salado que Dulce / Saltier than Sweet* (March Abrazo Press). Este premio a uno de los tres mejores libros de poesía en Estados Unidos fue una gran sorpresa para mí; más aún que fue otorgado a nivel nacional, y que reconocía a una hispanohablante (escribí los poemas en español y el volumen apareció en edición bilingüe). En 1996 recibí el Premio José Martí por haber escrito un ensayo en honor a Sor Juana Inés de la Cruz, un premio otorgado a nivel nacional por la Universidad de Houston y el cuerpo consular latinoamericano de aquella ciudad. Hace algunos años recibí el segundo lugar en la categoría de cuento (John Barry Award), otorgado por National Lewis University, en Chicago. En 2014 obtuve el primer premio de poesía escrita en español en Chicago, otorgado por Northeastern Illinois University. Los poemas se enviaron con seudónimo, y el jurado estuvo formado por varios académicos del Departamento de Lenguas Modernas de Northeastern Illinois University, así como de otras universidades en Chicago, y tengo entendido que se recibieron manuscritos de toda América Latina y España. Por su rigor y seriedad, estos premios significan un reconocimiento a mi escritura que agradezco enormemente, porque me han inspirado y porque demuestran que la comunidad de lectores crece en su búsqueda por impulsar la calidad literaria. Estos premios me han otorgado la posibilidad de conocer a contemporáneos míos y apreciar otras formas de abordar el aprendizaje de la realidad desde el punto de vista literario. Nótese la escritura de Beatriz Badikian, Margarita Saona, Fernando Olszansky, José Ángel Navejas y otros.

Tal vez he vivido el tipo de existencia que habría vivido en la ciudad de México o en algún otro lugar, la morada interna siendo lo que es; donde quiera que vayamos llevamos nuestra esencia, sueños e idioma. Hace años escribí un artículo para el *Highland Park News* sobre inmigrantes guatemaltecos recién llegados al condado de Lake (donde se localizan muchos lagos pequeños al norte de Chicago). Los inmigrantes provenían del lago Atitlán en Chichicastenango, y habían escogido esta parte al norte de Chicago porque podían pescar tan sabroso pescado como el de su tierra y el paisaje les recordaba a su lugar natal. Extraje de la escritura de ese artículo la noción de que "el hogar es donde está el corazón", pero hoy agregaría más ese concepto: hogar es lo que hacemos de este mundo *juntos*. ¿Cómo puedo llamar hogar a mis memorias de la infancia y la adolescencia cuando veo frecuentemente imágenes de tantos desarraigados en el mundo? Carentes de comida, agua, salud, y educación, los muy esenciales elementos que nos permiten prosperar y construir una existencia posiblemente más cercana a la de los ángeles. Sin eso, la pobreza empuja a los seres humanos no hacia un lugar para estar a gusto y en paz, sino a un abismo oscuro. Rulfo de nuevo viene a la mente. El mundo frecuentemente confronta realidades duras, que requieren de perspectivas amplias y conciencias que permitan ver más allá de nuestras fronteras. Cuidemos de nuestros vecinos; hallemos maneras de ofrecernos mutuo apoyo; encontremos cómo, con una visión humanista, podamos construir *tequio*.

Mirando hacia el pasado vuelvo a soñar. Aquí junto a mí hay algunas posesiones que recién desempaqué de mi última mudanza: una foto de mi hija mayor, de pie junto a la escalinata de una cabaña a orillas del lago Michigan; una foto de mi hija menor vestida para una fiesta de la secundaria; frente a mí sobre mi escritorio, una imagen pastoral en papel amate donde los hombres cosechan maíz y calabaza mientras las mujeres cultivan flores (hay en esa imagen caballos, aves, casas y muchos soles); en el buró junto a la lámpara, una foto de mis padres en la que se les ve muy enamorados; ahí también, una pequeña caja de mármol de Turquía que muestra a varias mujeres en refrescantes baños turcos; en la pared opuesta al buró un pequeño plato de porcelana que muestra gacelas danzando en un bosque, souvenir de un viaje a Israel; en el librero junto a mi escritorio, libros que algunas veces consulto: diccionarios, *Sefarad en mi corazón, Epictetus, Antología poética del '27,* Paul Celan, Paz y otros; sobre los estantes asimismo hay una foto de Carlos Fuentes junto a mí, el día que lo entrevisté luego de una conferencia que ofreció en el Instituto de Arte de Chicago ¡un día memorable!, una foto de Frida Kahlo junto a mi libro sobre surrealismo y libros por entregar a la biblioteca Regenstein de la Universidad de Chicago. Y son las once de la noche... y es hora de hacer espacio para las alas del sueño y las estrellas...

Casa es *hoy, casa mía,* el sutil aún tangible viaje milagroso del lenguaje.

Elizabeth Narváez Luna

Celaya, Guanajuato, 1968. En 1990 terminó la licenciatura en Letras Españolas en la Universidad de Guanajuato. Ha sido antologada en *Poetas de Tierra adentro* (Tierra Adentro) y *Tesituras* (Universidad de Guanajuato). Hizo su doctorado en literatura en la Universidad de Illinois en Urbana-Champaign. Su obra aparece también en la antología de escritores de Chicago *En la 18 a la 1* (Ediciones Vocesueltas).

EL CAMINO DE FUEGO

En 1986 comencé la trayectoria, más que con conocimiento de causa, con una necesidad abrasadora motivada quizá por la misma razón que moviera a Rosario Castellanos para escribir los siguientes versos: "Escribo porque yo, un día adolescente me incliné ante un espejo y no había nadie".

El espejo vacío
Escribo, no me lo pregunto.
Cuando el mar llame a mi puerta,
saldré desnuda a recibirlo
en silencio,
sin preguntas, ni palabras,
solo con el ruido de mi sangre.
Cerraré los ojos para abrir mis brazos.
Otra vez niña, no quiero que el mar me llame
Susana San Juan, cada vez que se revienta contra las
rocas.

No me preguntes por qué me duelen mis manos,
toda esta es piel arrepentida,
un vestido en penitencia
para llorar los minutos que dejé en tu cuerpo.
No, no fue con el olvido de tus ojos
que mi piel se volvió penitente entre las rocas.
Fue con el viento
que vino a soplar la sien a esta paloma.
Y tú lo sabes, era tu boca, en medio del viento.
Estos muertos seguirán amándose,
el misterio les consume la carne,
sus manos guardan el sueño de la serpiente.
¿Quién levantará de esta mujer los pedazos?
¿Cómo organizar las agonías
si un abismo nos separa del olvido?
Si somos sombras,
recogiendo a nuestro paso
la tierra que construya
nuestras tumbas,
si nuestras manos lloran su desencanto
y nuestras bocas guardan la llave del silencio.
De nada me sirve.
De nada me sirve consolar
a ese animal que crece
tras el espejo.
De nada me sirve ocultar la cabeza
Y llenarme la boca de tierra,
porque le temo al mar y sus lamentaciones,
siempre habrá querencias

que me anuden los brazos,
mis manos no se pueden negar a perseguir
los deseos en las pieles ajenas;
como mi vientre no se puede negar
al novenario lunar que lo habita.

Ataviarse,
tejerse el pelo
con los deseos ajenos,
preparar el espejismo,
la ilusión

dolorosa,
de todos los días.

Ambiciosa,
calzarse con este extraño pudor de mujer.
Y terminar
una tumba cubierta de piel y sudores
que en cada ápice concentra
todas las vidas que la amortajan
desde Eva hasta María
para descender con la serpiente
al ritmo del equinoccio.
Después de todo,
no habrá sollozo, ni rencor,
ni que marrullar entre dientes
solo mi sonrisa, mi pelo y las aguas.

Después la trayectoria se volvió penitencia, pronto me perdí entre los espejismos que los otros y yo misma me ofrecía. Y creí que había encontrado la dignidad perdida en el ilegítimo abrazo, y su compañía hasta entonces perpetua. Abracé la verdad de la conformidad y su costoso espejismo. Algunos nos llamaron "los sobrevivientes", porque en ese entonces solo se podía hablar de mí en plural. Sin embargo, el noble verbo no me abandonaba, y entre sombras de barro, espejismos de amantes y gestos conocidos, seguían naciéndome hijos y cantos. Poco a poco se fueron perdiendo las abrazaderas, empezó el agobio del desamor y... luego el duelo. Poco a poco perdí a los hombres que más amaba, sin un abrazo, sin una despedida, sin un beso... Solo se desvanecieron de mi horizonte sus caricias. Yo, si bien lo recuerdan, ya me había perdido desde hacía mucho rato. Terminé una noche sentada en medio de mi cama contemplando las posibilidades de los límites de la vida, y cómo los guardaba en mi mano; por un momento tuve el poder y sentí que podía terminar con mi vida y sus vidas: todos poder descansar de la pena y el hastío de vivir. Pero ese llanto me despertó y comprendí que en medio de la noche se pueden conjugar el llanto, la tortura y los amantes en un giro.

Pre-Prozac 20
La línea que quiebra mi voz
la soga mística
que guarda el secreto de la vida,   mi vida,
que separa esta realidad del silencio eterno,
y no hay dolorosa distancia entre estas manos, mis manos
[y esa soga.
La ansiedad cosquillea en mi vientre.
El miedo me pesa en el pecho,

todavía pienso
y parece que quiero equivocarme
y amar la vida,
pero no puedo.
La pesadumbre de todos los días se me acumula en los pies.
Me entorpece la mirada.
Solo miro con asombro y claridad
la inmediatez de mi muerte.

Amanece y ahora levanto la cabeza después de haber corrido, como la salamandra, al fuego. Sonrío mientras el viento juega con mi pelo. Es el fin de semana del Día de Acción de Gracias, noviembre de 1999 en Chicago. Pero ilusa de mí, el verdadero "camino de fuego" comenzará después, al despertar del coma, que la hemorragia cerebral y la cirugía para detenerla causaron. Así en enero del 2000, por la herida en mi cabeza, los tubos y demás parafernalia, entendí que algo malo, muy malo, me había sucedido. Desperté en pañales y, como a una bebé, me daban de comer solo papillas. Poco a poco fui progresando y aprendí a comer, masticar y beber. El 6 de enero me trasladaron a otro hospital para empezar a recibir intensa terapia física. En este hospital aprendí a sentarme y poco a poco a volver a caminar. Lo más difícil fue volver a aprender a controlar los esfínteres para poder dejar de usar pañales, enfrentarme a un cuerpo que no me respondía, que era como si estuviera cargando a un muerto, pues el lado de mi cuerpo que estaba paralizado me pesaba mucho. Ese fue un día inolvidable, cuando pude decirle a mi madre que me trajera por fin mi ropa interior. En ese hospital también empezó mi terapia de lenguaje pues la lesión cerebral además de dejarme hemipléjica y legalmente ciega, me dejó con una severa dislexia. Así aprendí a identificar las palabras otra vez y a entrenar a mi cerebro para ver las líneas de los textos en los libros, pues en esos días para mí, tanto las líneas como las letras en las palabras se amontonaban, y yo sabía que eso no era así. Yo sabía que todo era cuestión de volver a entrenar mi cerebro para ver el texto escrito, así me volví lectora insaciable, y leía cuanta cosa me llevaran. De ahí hasta hoy ha sido aprender a vivir, a conocerme a mí misma y a aceptar la nueva persona que soy: una tirana absoluta del uso de mi tiempo.

CAROLINA HERRERA

Monterrey, Nuevo León, México, 1967. Su primera novela, #*Mujer que piensa* (El BeiSMan PrESs, 2016), recibió primer lugar en la categoría Mejor Primer Libro-Novela del International Latino Book Award. Es parte de *Ni Bárbaras, ni Malinches: antología de escritoras latinoamericanas en Estados Unidos* (Ars Comunis Editorial, 2017). Su historia forma parte del volumen IV de la serie *Today's Inspired Latina, Life Stories of Success in the Face of Adversity* (2018). Es miembro del consejo editorial de *El BeiSMan* y contribuye a la revista con regularidad. Oradora TEDx. Vive en Naperville, Illinois.

DE ARRAIGOS Y DESARRAIGOS

Cuando Fidel Castro derrocó a Fulgencio Batista, la línea del destino familiar sufrió un desvío irrevocable. Unos meses antes, mi abuelo —alertado por un hermano que militaba en las filas de Fidel— había mandado a sus hijas mayores a estudiar a Estados Unidos y a su hijo (mi padre) al Tecnológico de Monterrey. Con dinero y conexiones procuró un pasaje para su esposa, quien salió de La Habana con las joyas cosidas al forro del abrigo y un triste neceser. Mi abuelo se quedó a negociar su salida con el recién estrenado gobierno castrista y después de un año —y de cederle hasta el último centavo a la revolución— se subió a un avión, con lo que traía puesto, para encontrarse con su familia en México. Mi abuelo no dudó en "catafixiar" su fortuna y posición por su libertad. Con el dinero que obtuvieron por la venta de las joyas, mis abuelos pudieron comenzar de nuevo. Aunque con frecuencia expresaban añoranza por lo que habían tenido, vivieron una vida cómoda, aunque sin lujos, donde él jugaba ajedrez y ella se entretenía en la cocina haciendo alarde de sus habilidades culinarias. Habían perdido todo, menos "la dignidad y lo que sé", solía decir mi abuelo. Y aunque eran un grano más en el silo de la clase media mexicana, mi abuela usaba turbante hasta para ir a la panadería y mi abuelo vestía de blanco como si fuera al club de polo, solo que, ahora, iba a darle la vuelta a la manzana. Alto y erguido, salía de su casa a caminar por recomendación del médico y saludaba a los vecinos como si fuera montado en una carroza. Los vecinos le correspondían el saludo y algunas vecinas le celebraban su elegancia... aunque estuviese un poco fuera de lugar. Mis abuelos jamás perdieron el acento cubano y la cocina de mi abuela siempre olió a arroz con pollo, a comino y a guayaba, nunca a maíz o a salsa de chiles toreados. México los trató bien.

Como mis abuelos cubanos, yo también emigré. En abril de 1991 llegué a Chicago a ocupar el cargo de Representante del IMSS asimilada al Servicio Exterior Mexicano. Con dos maletas y un reluciente pasaporte diplomático en mano, me instalé como princesa en el Westin de la Avenida Michigan durante cuatro semanas lista para comenzar una aventura que —según mi jefa en ese entonces— duraría dos años. Una vez instalada en el elegante cuarto del hotel, lo primero que pensé fue: ¿para dónde está Marshall Field's? Al salir del hotel, una ráfaga de viento me golpeó de lleno y estuvo a punto de tumbarme. Aterrorizada, corrí de regreso a los brazos acogedores del lobby del hotel. Había subestimado a la ciudad. Decidí que lo primero que compraría sería un buen abrigo.

Mi experiencia como migrante fue ciertamente privilegiada. Mi trabajo en el consulado requería que promoviera un seguro facultativo para familias de trabajadores migrantes en el extranjero. Eso me permitió conocer a la comunidad mexicana muy de cerca y comprender la lucha de aquellos que habían dejado México por razones y en circunstancias muy diferentes a las mías.

Me costaba trabajo conciliar que el mismo gobierno que me había colocado cuatro semanas en el Westin, no pudiera satisfacer las necesidades de aquellos ciudadanos que habían tenido que jugarse el pellejo huyendo de la pobreza en busca de mejores oportunidades. Este malestar me motivó a empeñarme aún más en mi trabajo y a entender la lucha de los menos afortunados. Dos años después de llegar a Chicago murió mi madre. Sentí el corte de esa raíz profundamente, pero otra había crecido al casarme unos días antes de su muerte. Poco después nació mi hijo —otra raíz— y a los dos años una hija —otra más.

El traslado a México llegó con ocho años de demora. Chicago ya me había clavado las garras y yo tenía que volver a empezar. Decidí incursionar en el campo de los idiomas. ¡No por nada mis papás me habían mandado a una escuela de monjas gringas durante la primaria y secundaria! La ventaja de hablar el idioma, casi como una nativa, me permitió ejercer de traductora-intérprete y descubrir un mundo de constante aprendizaje que exigía leer y analizar cuidadosamente tanto el inglés como el español. ¡Caí en blandito! La lectura siempre había sido mi gran compañera y mi curiosidad era infinita. En este nuevo campo laboral había una gran necesidad de traducir documentos al español, o de acudir a la corte, a un hospital, o a una escuela a ayudarle a un compatriota a comunicarse con el abogado, el juez, el médico o la maestra. Encontré la manera de ganar dinero y al mismo tiempo, de continuar ayudando a otros.

Con el paso del tiempo, me acostumbré al frío, a la oscuridad prematura del horario de invierno y a las nevadas. La primera, invariablemente, era recibida con júbilo y las últimas con hartazgo. Extrañaba las montañas, las playas, los colores vivos de los mercados, la noche interminable, los tacos al pastor, pero, sobre todo, la convivencia familiar. En Chicago, los amigos hacen las veces de familiares, pero nunca es igual. Ninguna casa olía a la de mi abuela, y en ninguna parte podía hacer realmente lo que me diera la gana. Aunque tengo amigos entrañables, soy incapaz de abrir un refrigerador y hacerme una quesadilla sin tener que pedir permiso. Me pesaba que mis hijos no pudiesen convivir con sus primos, o celebrar los cumpleaños o las fiestas familiares, salvo cuando coincidía con un viaje, pero nos adaptamos como los otros mexicanos que dejaron su país en circunstancias parecidas a las mías... ¡con huevos!... y sin muchacha.

Darwin afirmó que no es el más fuerte, ni el más inteligente de la especie el que sobrevive, sino el que se adapta mejor al cambio. Por ende, el que logra adaptase al cambio tiene muchas más probabilidades de sobrevivir.

Ocho años después del nacimiento de mi segunda hija, nació la tercera. Una raíz más que había echado en esa tierra de inviernos inhóspitos, donde todas las casas en el barrio eran en tonalidades beige y los perros debían estar castrados y bien sujetados, so pena de que el vecino te viera feo. Mi marido y yo hacíamos nuestro mejor esfuerzo para aferrarnos a la clase media a la que estábamos acostumbrados, conscientes de que una emergencia nos podía llevar a la bancarrota. Aun así, no faltaron los viajes a México con las maletas rebosantes de regalos para todos, las clases particulares para los hijos, los campamentos, las salidas a restaurantes y eventos culturales, y desde luego, las fiestas con nuestros amigos mexicanos donde temíamos que el vecino le hablara a la policía a las once de la noche. Estados Unidos nos había dado la facilidad de comprar viajes, televisiones, automóviles y casas, sin enganche y en cómodas mensualidades. Los miembros de la clase media en Estados Unidos tenían el poder de adquirir cosas, pero comprar servicios era otra cosa. Mis amigas se quejaban de la misma dolencia. ¡Qué daría por tener una muchacha, como en México! ¡No puedo pagar tanto para que me limpien la casa! ¡Estoy harta de limpiar! ¡Me tengo que ir ya porque la nana me cobra muy caro! La clase media en México garantizaba por lo menos una empleada doméstica encargada de cocinar y cuidar a los niños, y con un poco de suerte, hasta un chofer. Muchas veces me pregunté si todo este asunto del "primer mundo" era un engaño. Un mundo donde me tenía que despertar a hacer de comer antes de salir a trabajar y regresar corriendo a atender niños, limpiar la casa y lavar ropa, no sonaba a primer mundo. Y aunque el marido siempre estaba dispuesto a ayudar, al final del día era yo, la madre, la encargada de que hubiera comida en el refrigerador y de que mis hijos llevaran ropa limpia a la escuela. El aprendizaje no fue solo para las mujeres. Los hombres tuvieron que apuntarse a cambiar pañales, preparar biberones, llevar a los niños al parque, ayudar con la tarea e incorporar otras actividades de crianza que la sociedad mexicana de principios de los noventa todavía consideraba dignas de un trofeo. Estados Unidos, con su progresismo y su igualdad de género, exigía una adaptación no solo de forma, sino de fondo, un modelo donde los machos no cabían y las princesas, tampoco.

El idioma era la herramienta que nos permitía afirmar nuestro origen. Aunque insistíamos en hablarle en español a nuestros hijos, ellos cómodamente contestaban en inglés y nunca tuvimos la disciplina de corregirlos. Aunque los tres entienden español, solo el mayor lo habla fluidamente porque lo mandamos a estudiar seis meses a México. Algunas otras tradiciones se sostuvieron, como celebrar la Navidad la noche del 24, poner un altar de muertos, romper una piñata (que muchas veces hice que mi hermana trajera de México) y cantar "Las Mañanitas". Mis hijos mexicoamericanos cantan "Las Mañanitas" antes que el "Happy Birthday" aunque sus parejas (y sospecho que ellos también) no entiendan que es "una mañanita", ni porqué se prolonga tanto.

Mis primeros pasos en la escritura se dieron sin mucha premeditación. Aunque siempre me había gustado escribir, lo mío era la lectura, pero, aun así, decidí probar mi habilidad de terminar un cuento. Me imaginé a una mujer subiéndose a una báscula el primero de enero y sus pensamientos. Eso fue lo que plasmé en papel y colgué en un blog que publiqué en Facebook. Animada por mis amigos y familia, seguí escribiendo sobre el personaje hasta que, treinta entradas de blog después, decidí novelarlo.

Sin formación académica como escritora, sin conocer a nadie en el mundo de la literatura o la publicación de libros, se me hizo fácil mirar hacia atrás e ir a México a buscar una casa editorial porque ¿quién iba a publicar un libro en español en Chicago? Además, está centrado en una mujer que vive en la Ciudad de México, ¿a quién le va a interesar eso aquí? Iré a México porque soy mexicana, ¿cómo no me van a querer? El golpe fue devastador. Nadie me contestó una llamada o me respondió un correo electrónico. Yo no era nadie. Me sentí en un limbo. Si ya no soy de allá, ¿de dónde soy? No me di por vencida. Regresé a Chicago decidida a publicar mi libro. ¡Tenía que haber una comunidad literaria! La busqué, la encontré y me abrieron los brazos. Mi sorpresa fue mayúscula. ¿Cómo es posible que me quieran más aquí que en mi propio país? ¿Cuál es mi propio país? Llegué a la conclusión de que ya no era "de allá".

Descubrir un movimiento de autores de habla hispana que escribían en mi idioma fue una revelación. Mi experiencia como lectora se había enfocado en los autores anglosajones, algunos europeos, y los clásicos de la literatura hispana. México, Argentina y España, las mecas de la publicación en español, tan inalcanzables, no eran la última autoridad. Comprendí que el idioma es portátil y que escribir en español no estaba limitado a una frontera geográfica. Escribir una novela de una mujer en la Ciudad de México, después de no vivir ahí durante 25 años, fue un ejercicio de nostalgia. Y la nostalgia es un sentimiento universal, como las tristezas de Anna Karenina o la confusión de Juan Preciado. Escribir en español desde el desarraigo nos permite extraer la riqueza de dos culturas para producir una especie de literatura híbrida, plagada de exploraciones lingüísticas, reflejo del crisol en el que vivimos. El acto de escribir requiere de introspección, de mirar hacia adentro y, con frecuencia, buscando en mi cabeza la palabra precisa en español, aparece una en inglés. Lejos de rechazarla, me emociono ante el reto de encontrar el equivalente en español o de jugar con la oración hasta darle el sentido que buscaba. Mis dos idiomas son las venas y las arterias de mi capacidad creativa.

El 2016 fue el año en que todo cambió. Mi vida personal dio un giro inesperado. Me separé de mi marido, mis hijos mayores salieron de la casa y murió mi padre. En medio del aturdimiento, la confusión y el dolor, estaba el libro. Me enfoqué en publicarlo y echarlo a volar. El libro viajó a las Ferias Internacionales de Monterrey y de Guadalajara, y a otras muchas locales. Fue bien recibido y criticado. *#Mujer que piensa* es un libro premiado y ahora forma parte del currículo académico de una materia que versa sobre el New Latino Boom impartida por la doctora Naida Saavedra en Worcester State University en Massachussets. Entendí que ni el idioma, ni el origen habían sido obstáculos para mí. Aunque había corrido con mucha suerte, concluí que todo estaba en mi cabeza, en mi actitud, en negar lo obvio tras veintitantos años de vivir aquí. Soy mexicana de nacimiento y formación, pero estadounidense de crecimiento.

Vivimos en un país de inmigrantes al que históricamente se han integrado, no sin dolor, otras culturas. La cercanía geográfica de México a Estados Unidos es una quimera. Todos emigramos temporalmente, seguros de que muy pronto estaremos de regreso porque no hay que atravesar un océano. Lo que se nos olvida es medir al oponente. Estados Unidos es el país de las oportunidades, el país en el que todos podemos aspirar al American Dream, el país que nos permite ayudarle a la familia que se quedó allá, y que no puede venir, y que nos necesita y ¿qué crees?, que ya no te puedes regresar porque entonces, ¿qué van a hacer ellos?, ¿o tú?, ¿o los hijos que tuviste aquí? Estados Unidos es un monstruo de apetito voraz. Es un monstruo tragagente. Es el monstruo tragaculturas.

¿Qué es lo único que llevamos con nosotros que es común con nuestros compatriotas? El idioma. Es lo que inmediatamente nos vincula a la diáspora, seguido de la comida, los mariachis, el "Grito de Independencia", "Las Mañanitas" y el "Día de Muertos", entre otras tradiciones. Aun así, el inglés, el frío, el Fourth of July y las hamburguesas con queso terminan por arraigarse y mezclarse con nuestra mexicanidad y es cuando comenzamos a luchar por la justicia, porque ya somos de aquí y no tenemos a qué regresar, aunque sobre a quién. Por mucho que cantemos "México lindo y querido", por mucho que los tacos al pastor de Pilsen no le lleguen a los de cualquier puesto de tacos parados en la capital azteca, por mucho que extrañemos la tierra que nos vio nacer, Estados Unidos es la tierra que nos vio crecer, es nuestra patria adoptiva y exige atención. Adaptarse a una nueva cultura, a otras reglas, a otras perspectivas, integrarse a la sociedad y contribuir activamente a ella es lo que requiere este monstruo. Hay que alimentarlo de español, de *taco trucks in every corner*, de Catrinas, de mariachis, de bailes de Veracruz, de arte, de murales y de literatura para saciar su hambre y crecer con él. Quizá no le guste mucho, pero, como el aceite de tiburón que solía darme mi madre en invierno, "es por tu bien". Estados Unidos me ha tratado bien.

...

Veintisiete años después todavía hay días en que me levanto y pienso, ¡¿qué carajos estoy haciendo aquí?! Mis hermanos no se cansan de decirme: ¡ya regrésate! Como si el paso del tiempo no arraigara (o desarraigara), o como si uno pudiera tronar los dedos y teletransportarse como lo hacía *Mi bella genio*. Quedan pocos días de verano. Las hojas de los árboles comienzan a caer. En el aire ya se adivina el frío que está por venir. Es hora de sacar el abrigo.

Julio Rangel

Escritor mexicano residente en Chicago. Fue incluido en *La densidad del aire,* antología de cinco poetas publicada por la UNAM en su colección El ala del tigre. Publicó el ensayo "El arte objeto de Marcos Raya" en el libro *Marcos Raya,* y el ensayo "Certezas e intuiciones" en el libro *Rene Arceo: Between the Intuitive and the Rational.* Es cofundador de la revista *contratiempo* en Chicago.

RED LINE BLUES

Un miércoles por la mañana en la estación Argyle, paso mi tarjeta por el sensor del torniquete con el gesto automático de cada día. Una joven afroamericana con el chaleco verde-amarillo fosforescente del CTA me sonríe:

—Two more to go.

Le sonrío sin tener idea de lo que quiso decir.

En los últimos escalones que conducen a la plataforma reacciono de pronto. "Two more to go", faltan dos días para el viernes.

La semana laboral se aparece ante mí de repente como una pista de carreras en la que hay que cumplir cinco vueltas. El empleado es el atleta que llega jadeante al final, toma un descanso y se olvida gustoso de la carrera, se proporciona los placeres que cree merecer o puede pagar, a condición de que el lunes esté de nuevo en la línea de arranque. Un loop interminable hasta que la jubilación o el desempleo se interpongan.

Sísifo. La imagen de Sísifo corriendo hacia su meta, solo para recomenzar una vez que ha llegado, se abre paso en mi cabeza somnolienta. La empleada del CTA era como una de esas personas que animan a los maratonistas desde los bordes laterales:

—Two more to go! You can do it!

Una vez alcanzado el mítico viernes, en el trabajo un colega te saluda mientras se sirve de la cafetera.

—It's Friday!

Avanzas por la parcelación reticular de la oficina y preguntas distraído a tu vecina de cubículo:

— How are you?

Para obtener como respuesta el suspiro.

— Well, it's Friday.

Un sábado por la noche, la línea roja del tren da la impresión de que las fronteras sociales se han borrado: los mismos jóvenes que durante la semana laboral parecían a la defensiva, rígidos y callados aparecen ahora parlanchines y expansivos, a veces enfrascándose en conversaciones con extraños. Percibes el vodka en su aliento.

Una chica rubia de repente se interesa por la vida del árabe sentado junto a ella. Con timidez, un poco reluctante, éste responde las preguntas:

—¿Te gusta salir al campo? A mí me encanta ir de hiking.

Sí, a él también le gusta ir al campo, también le gusta hacer hiking, aunque lo practica muy poco. La chica habla entusiasmada de lo fabuloso que es pasar la noche bajo las estrellas.

La escena hace eco en mi memoria con una muy anterior, años atrás, en un tren Metra que volvía a la ciudad de los suburbios del noroeste, un viernes por la noche. Arriba de mi asiento, en esos pasillos a manera de segundo piso que tienen los trenes suburbiales, una chica caucásica ebria entabla una conversación con un mexicano que vuelve de trabajar su turno en un restaurante.

El paisano es joven, responde y flirtea con entusiasmo, y en algún momento platica desmesurado sobre las bellezas naturales de su natal Veracruz.

—¿Eso queda cerca del Amazonas?, —pregunta la muchacha—. Siempre quise ir al Amazonas.

En mi mente doy un salto vertiginoso desde México hasta la selva amazónica en Sudamérica, asombrado ante esa abstracción geográfica que une trozos de tierra extranjera en un continuo de selva exótica. Pero la chica en la línea roja parecía genuinamente amistosa, y ambos ofrecían una especie de idílica imagen de civilidad. Otros intercambios no corren la misma suerte.

Sábado por la noche, otra vez. Sentada en la hilera de asientos transversales, una joven afroamericana revisa su teléfono. Viene de hacer compras en el downtown y las bolsas descansan en el asiento junto a ella.

Sentado en la fila de enfrente, un caucásico de mediana edad le dice que mueva sus bolsas porque ocupan un asiento potencial, aunque ninguno de los escasos pasajeros de pie parece interesado en sentarse. El hombre termina su alocución llamándola 'sister' con un tono irónico.

—Sister? What's that's supposed to mean?, —pregunta ella.

El tipo sonríe sin empacho.

—I'm not affraid of you, I spit on your white ass —dice la mujer con fiereza.

Una descarga de electricidad recorre el vagón.

El par de segundos dilatados y tensos en que reina la inmovilidad se rompe cuando una chica blanca se atreve a intervenir. Regaña al hombre, le dice que lo que ha hecho no estuvo bien. El hombre no se quiere disculpar, mantiene la sonrisa socarrona. La siguiente es mi parada. Abandono la escena.

*

El tren urbano, el metro de Chicago, es el lugar donde la gente puede coexistir al margen de su posición social, en un espacio neutro de convergencia y civilidad que evita en lo posible el contacto durante los minutos que dura el trayecto. Pero es también un termómetro social donde se materializa lo que existe como abstracción en el ciclo de noticias; donde los *headlines* que barremos del teléfono con el dedo índice encarnan testarudos. Donde las políticas de austeridad se visibilizan. El cierre de cinco centros de atención a la salud mental en 2015, que afectó a diez mil pacientes de bajos recursos en Chicago y la propuesta del gobernador Bruce Rauner de cortar 82 millones de dólares en programas de atención a la salud mental, los recortes en servicios sociales como albergues para la gente sin techo, el cierre de centros comunitarios de asistencia, todo eso en algún momento se hará presente en tu trayecto cotidiano.

Ves esa persona que duerme en la hilera transversal, ocupando cuatro asientos, el rostro cubierto con una lustrosa chamarra. De pie, a su alrededor, pasajeros jóvenes, yuppies que huelen a recién salidos de la ducha, miran distraídamente sus teléfonos, cumpliendo el pacto silencioso de no meterse en donde no los llaman. Ellos saben que hay una historia detrás de ese hombre, pero su mera presencia allí, durmiendo profundamente en hora pico, tiene un elemento desafiante que rebasa el impulso aparente de empatía. En ocasiones, el olor fétido que irradia un indigente crea un círculo vacío a su alrededor que aglutina a los pasajeros en la otra mitad del vagón.

✳

El tren de Chicago es un espacio público, pero no es obviamente el ágora, ese lugar donde el pueblo debate asuntos sociales. Los cuerpos han sido reunidos por un flujo aleatorio de asuntos o por la agenda fija del trayecto diario. El tiempo y el espacio que dichos cuerpos comparten es un trámite requerido, un enlace entre los puntos A y B, un paréntesis forzoso que habrá de ser llenado con el impulso de la productividad (laptops desplegadas, libros de texto abiertos, las llamadas de negocios que ocasionalmente se imponen por sobre los amortiguados patrones rítmicos que escapan de los audífonos) o con el gratificante aturdimiento del ocio (los juegos en el teléfono, la mirada distraída a los periódicos).

Este es un ejemplo de lo que Marc Augé llama los 'No lugares', espacios transitorios marcados con un propósito utilitario, pero sin valor significativo.

Pero, a pesar de esos pactos de civilidad que lo convierten en un lugar de todos y de nadie, el transporte público es también un espacio de confrontación, donde un inesperado intruso perforará la burbuja protectora de tus audífonos o el monitor de tu laptop con el recordatorio de la precariedad, allí está la mendicidad que increpa tu privilegio con dramatismo o que susurra en una letanía sus carencias.

Es también el territorio del predicador, la persona que decide que este es el lugar perfecto para propagar el evangelio, dado que el público está indefenso y cautivo. Y por supuesto, necesitado de salvación.

*

¿Qué significa para un usuario del transporte público leer en uno de los monitores distribuidos en la plataforma del tren que 32 personas han muerto en conflictos étnicos en Kenia? La noticia dura un parpadeo, para dar paso a un anuncio de whisky.

*

Si rastreo los orígenes de mi pasión por devorar imágenes, mi curiosidad por el espectáculo de la vida cotidiana, llego inevitablemente a las largas tardes en mi pueblo de la infancia cuando mi madre, al no encontrar con quien dejarme mientras ella hacía sus quehaceres, me llevaba a la parada del autobús frente a la iglesia.

Solo había dos autobuses en Tamazunchale, mi pueblo enclavado en la huasteca potosina, y ambos dibujaban la misma ruta: un óvalo interminable por la periferia, para luego bajar por la avenida principal hasta la plaza y remontar de nuevo. Debido a esa trayectoria, el autobús era llamado "el circuito".

En mi memoria, mi madre entrega las monedas de mi pasaje a Tello, el popular conductor del autobús, para luego cruzar la calle y volver a sus faenas mientras yo, sentado ante la ventanilla, miro fluir las calles: hombres y mujeres indígenas tienden rectángulos de plástico en la banqueta para ofrecer allí su mercancía, queso fresco envuelto en hojas de plátano, coyoles y mameyes, toda clase de chiles y hierbas. El puesto de churros, huaracherías y tiendas de ropa. Algún indígena alcoholizado dando tumbos, la pobreza y el despojo ancestral como un harapo invisible a los mestizos.

Esquinas, rostros, postes, carteles raídos que anunciaban bailes, todo aparecía ante mis ojos como una coreografía en círculos interminables alrededor del pueblo, hasta que mi madre venía a recogerme en la parada del autobús.

Treinta años después, me veo de nuevo mirando sorprendido por la ventanilla de un autobús, esta vez por la planicie interminable del Midwest en Estados Unidos. El trayecto de San Luis Potosí a Chicago duró tres días en autobuses sucesivos, con una pausa de varias horas debido a una conexión perdida en Laredo, Texas.

Ante mí, un austero paisaje horizontal, un pálido sol tras las nubes, un atardecer estático que se prolonga como un trance.

Junto a mí, pasajeros nerviosos y expectantes, aferrados a sus pasaportes, con la fortuna del visado, conversando en voz baja.

Hacia mediados de los noventa, los autobuses interestatales en México introdujeron una novedad muy celebrada por la mayoría de los pasajeros. Pequeños monitores dispuestos entre las hileras de asientos permitían a los viajeros ver películas programadas por el conductor en una videocasetera.

El tedio de aquellas largas horas de viaje quedaba disuelto gracias a los dramas de Hollywood. La era de la ensoñación, del mirar ocioso por la ventanilla, había llegado a su fin. Las innovaciones tecnológicas nos permitían por fin llenar las horas muertas con información y entretenimiento.

—Mataron el paisaje —me dijo un amigo, indignado.

Por supuesto, la empresa no proporcionaba audífonos, por lo que uno quedaba siempre expuesto a las espectaculares persecuciones en auto, a las explosiones y los gritos provenientes del monitor.

Pero el impulso asomadizo y la fascinación por las ventanas no desaparecen tan fácilmente. Ese mundo en movimiento que asomaba allá afuera lo sabíamos ajeno. Esas hileras de montañas eran un remanso visual, una pantalla de escenarios fugitivos e inasibles donde nada lograba fijarse, pero que ofrecía el ritmo propicio para la divagación.

Si la fotografía es el ejercicio melancólico que nos recuerda nuestra condición mortal al fijar un instante rescatado en el río del tiempo, como ha dicho Susan Sontag, la aceleración del mundo en la ventanilla de un tren o autobús induce a un ensimismamiento no menos melancólico donde el tiempo mortal también se agazapa.

Dentro del autobús, el monitor ofrecía un mundo kinético anclado a una estructura narrativa. La ventanilla, por el contrario, ofrecía un cortejo de apariciones azarosas: poblados y caseríos perdidos entre las montañas.

Durante año y medio estuve pensando en ese arco tenso que abre la espera del autobús. El autobús de la avenida 35, que viene del oeste profundo a culminar su ruta en el este, cerca del lago.

Cruzar Bronzeville por la mañana, una vez dejados los pasajeros que transbordan en la línea roja (estadio de los White Sox, donde abordo yo el autobús) y en la verde (IIT). Transitar, pues, por el enclave afroamericano, con sus núcleos en torno al McDonald's y su pequeño ecosistema de economía informal (venta discreta y ambulante de calcetas, discos y películas piratas).

Pasar a zancadas vigorosas (o a paso ligero, cuando ya no te importa llegar tarde) frente a la ferretería Meyer, que en la década de los veinte del siglo pasado —en la efervescencia del Jazz Age— fue un templo donde oficiaron Louis Armstrong y Ella Fitzgerald, entre otros; vórtice nocturno de la modernidad, hoy aparador de hornos y ventiladores que aun visitan jazzófilos de otras latitudes como peregrinos en busca de tierra santa.

Y pasado el Martin Luther King Drive, en el strip mall, el ágora-intenso del Dunkin' Donuts, donde las mesas se animan con fuertes e informados debates sobre política local, que al alcalde harían atragantar y a los funcionarios ruborizar de vergüenza, si tal cosa conocieran.

En Cottage Grove, la ansiada playa donde encuentra reposo el navío del CTA, antes de volver a recorrer la avenida 35, ahora en sentido opuesto.

Pero ese paréntesis de vida urbana solo se despliega una vez cumplida la espera del ingrato autobús, que tarda, dioses, lo suficiente para que Penélope deshaga los tejidos de la cordura, en el ejercicio de mirar en lontananza para distinguir la proa chata que ya viene. O no. O la decisión de hacer a pie la geografía matinal del comercio cotidiano. El diálogo de banqueta a banqueta, entre los camiones que abastecen a los mini-marts.

Despotricar por la larga espera (los férreos patrones de segregación, la geografía política de Chicago al desnudo) o practicar la paciencia, o sentir que la indignación es como esa arenilla de los huesos viejos, que mentar la madre no es fácil cuando no hay un destinatario concreto sino un laberinto impersonal, un sistema. Una inercia como una pleamar.

"Esa pinche eternidad" suspiras, y luego decides que es buen título para un poemario.

✳

Piensa en la desarticulación del espacio urbano por medio del transporte público. Piensa en la ciudad como un cuerpo fragmentado incapaz de articularse por medio de un sistema colectivo de transporte. La escasa movilidad de la clase trabajadora no es solo figurativa (en el sentido de ascenso social) sino literal. Si vives en un barrio marginado tu condena es la lentitud, la inaccesibilidad. O el automóvil.

El gueto es una construcción política, no una aleatoria condensación social. Es un producto deliberado, no una situación irremediable. Los mecanismos políticos de los que deriva se hacen visibles en la invisibilidad de sus sujetos.

Están ocultos geográficamente, confinados a vecindarios fácilmente evitables, pues la infraestructura de las comunicaciones fue concebida para circundar ciertos barrios y agilizar el tráfico que lleva de los suburbios y vecindarios de clase media al centro de la ciudad.

*

Sábado por la mañana. Un autobús Pace rumbo a los suburbios del suroeste debió pasar por la estación Cícero de la línea azul a las nueve, portando el número de ruta 316. Lo que llegó a las nueve con cinco fue un autobús con el número 305.

La sinapsis trabajosa después de una noche de insomnio, el zumbido persistente del tráfico que pasa por debajo en el Eisenhower Expressway, donde cientos, miles de apresurados suburbanitas se desbocan hacia el centro de la ciudad, todo empieza a ceder conforme el vaso de café cargado que bebes te lubrica las entendederas. Entonces te das cuenta de que el autobús tenía el número equivocado y debió decir 316 en vez de 305.

Lo que esto significa: media hora deberás permanecer en espera del siguiente autobús Pace.

Es decir: Llegarás tarde a la asignación que debías cubrir, pese a que todo estaba organizado para que llegaras a tiempo.

A tal situación, la gente solo ofrece una respuesta, expresada en un tono paternalista o regañón:

—Get a car.

✳

La persona que no tiene auto no se ajusta a la imagen de autosuficiencia que pareciera ser parte del "espíritu americano". No es la unidad emprendedora e independiente, sino el soldado en la colmena, un rango más bajo en la escala del éxito.

Un carro es, por supuesto, necesario para cubrir las largas distancias de los territorios urbanos, pero hay un claro trasfondo recriminatorio en la falta de atención al transporte público. Aquellos que lo usan de alguna manera no pudieron o no supieron conectar con el celebrado espíritu individualista, para encajar más bien en el papel del *perdedor*, esa persona tan estúpida o perezosa que no se esforzó lo suficiente para progresar.

La prédica de la autosuficiencia como factor de identidad americana, la exaltación romántica del espíritu independiente que, a fuerza de perseverancia y esfuerzo (lo que en inglés se llama *drive*, término que en sí mismo ilustra una voluntad motriz, una asertividad incansable, la tenacidad de los llamados *go-getters*) tiene su complemento en el gesto reprobatorio hacia los usuarios de servicios caritativos como las *soup kitchens* y vales de despensa.

Las manifestaciones del estado de bienestar aparecen ante la ideología conservadora como un lastre parasitario del contribuyente. Bajo dicho relato, los beneficiarios de vales de despensa o fondos del desempleo se embriagan o se drogan a expensas del erario, sin motivación alguna para buscar empleo, pues en ellos parece haber un defecto moral, una acedia puramente biológica, inherente a la pobreza.

✻

Union Station, terminal de trenes suburbanos en el centro de Chicago. Los trenes entran a la estación serpenteando como en un lento ballet, en la mañana perezosa, incorporándose al corazón de la ciudad.

Es hora pico. A contracorriente me abro paso entre las multitudes que llegan de los suburbios a trabajar a la ciudad. Los puentes paralelos que cruzan el Chicago River y conectan la estación con el Loop, las líneas elevadas del tren, parecen un espejo donde la misma imagen se repite: la masa de apresurados oficinistas, un flujo de chamarras y gabardinas avanza entre la leve llovizna.

Yo sigo el curso contrario y parto en un tren hacia el suburbio de Franklin Park. La apretada geometría de edificios se abre poco a poco mientras dejamos la ciudad, y yo extraigo de la mochila el libro que me acompaña por estos días, *La educación sentimental* de Flaubert.

Mi salida de Chicago coincide con la descripción en la novela de la llegada del personaje principal, Frédéric, a París. En sentido inverso, Frédéric se adentra en la ciudad, que aparece a sus ojos primero como una dispersión de fábricas y arrabales. Luego, su campo visual se puebla de nutridas hileras de casas, hasta que la diligencia, después de un trayecto lleno de vitalidad descriptiva, llega al centro de la ciudad. "Desfilaban las tiendas, se hacía más densa la multitud, aumentaba el ruido".

La fría mañana de Frédéric es toda esperanza, va a comunicar a la señora de Arnoux que su tío cascarrabias acaba de heredarlo; ya no será, a sus ojos, el muchachito que hace esfuerzos desesperados por aparentar un mayor estatus social. Mi mañana, en cambio, se puebla de urbanizaciones dispersas, de casas prefabricadas, que en su fragilidad parecieran hechas de papel, y poco a poco bodegas, y después, la manicurada simetría de los suburbios, reductos de apacibilidad como utilería de película.

Pienso en lo mucho que fue criticada la novela cuando apareció en 1869. Se le recriminaba su nulo apego a la estructura narrativa típica: la falta de una historia bien definida. En *La educación sentimental*, se quejaban los lectores, no sucede nada, los personajes están a la deriva, la trama parece contaminada por una divagación continua.

Pero vivir en la ciudad es divagar. Los personajes en la novela como los habitantes de la ciudad se afanan, se abren paso, participan de los juegos de poder y el hambre de estatus, pero esa hambre febril es destejida y absorbida por la continua irrupción de situaciones azarosas, derivativas. Juegos de la depredación y la sobrevivencia, territorio también de la solidaridad humana. La vida, sin embargo. La ciudad que cintila con sus atracciones burguesas, su miedo al vacío; los carruajes detenidos en medio del tráfico una tarde cualquiera para que el lector, por la mirada de Frédéric, pueda tener sus instantes epifánicos: esta es la ciudad.

Franklin Park es un suburbio silencioso, a simple vista clasemediero, si comparamos sus casas estilo búngalo con las ostentosas mansiones de otros suburbios. Todavía cercano a la ciudad, atrae gente de Cícero y otros lugares de Chicago a trabajar acá. Su movimiento económico está en algunas empresas y centros de convenciones, pero el chofer del taxi que me lleva a recoger un paquete a las oficinas de DHL, un indio ya maduro, de modales muy educados, se queja del impacto que la economía recesiva ha tenido en su empleo. La mañana está muy, pero muy lenta, dice, y agrega que soy apenas el tercer cliente del día. Normalmente hace varios viajes para llevar y traer gente que viene a convenciones y seminarios.

Cuando me trae de regreso a la terminal de Metra, le deseo suerte. Mientras espero el tren, con el sol a plomo de la una de la tarde, veo frente a las vías un complejo de condominios nuevos, algunos ya ocupados, la mayoría desiertos. Un trabajador mexicano, subido a una grúa, da con un rodillo los últimos acabados de pintura a los balcones cerrados. Lo que me hace dirigir la vista hacia él es la música que escucha: no se trata de norteño, cumbia o ranchero, sino de Pink Floyd. "Welcome my son, welcome to the machine", suena la voz dramática sobre una ominosa capa de sintetizadores que simulan una maquinaria obstinada.

Por la línea naranja hacia el sureste, bajo en Kedzie y avanzo hacia el sur por los bordes difusos entre Gage Park y Back of the Yards. Caminar por la retícula interminable de casas o andar por Kedzie, en ese tramo polvoso y congestionado bordeado de comercios, es la disyuntiva.

La mañana soleada se antoja tranquila entre las casas; gente mayor asoma cada tanto, algunos saludan. Es esa calma de los vecindarios durante el horario laboral, cuando sus moradores han salido a alimentar el dínamo del comercio cotidiano, a ofrecer sus servicios, a vender sus destrezas. El contraste al volver a la avenida es drástico: taquerías, talleres mecánicos, franquicias de comida rápida.

Fue precisamente el desarrollo de los ferrocarriles en la segunda mitad del siglo XIX y el perfeccionamiento del vagón frigorífico lo que llevó al florecimiento de las plantas procesadoras de carne en esta zona. A finales del siglo XIX y principios del XX el vecindario estaba habitado por diestros carniceros, pero más que un paraíso industrial, el periodo quedó fijado como una estampa dantesca: la imagen que Upton Sinclair creó en su novela *The Jungle*, que denunciaba las formas inhumanas de explotación a que eran sometidos los obreros. La ciudad era entonces un semillero de activismo socialista y anarquista que veía en Chicago un terreno promisorio de utopías. Primero habitado por alemanes e irlandeses, posteriormente por checos, eslovacos, lituanos, hoy son mayormente mexicanos quienes pueblan el barrio.

La situación en 2017 no se ve ideal tampoco para los trabajadores. Martín Atilano ha vivido en el área desde que llegó a la ciudad en 1987, procedente de su natal San Juan de los Lagos, Jalisco. Hoy trabaja como director de educación religiosa en la parroquia de San Gall, un populoso centro de convergencia comunitaria en el sureste de Chicago. Hace treinta años que llegó al vecindario, sus hijas nacieron aquí, conoce las dramáticas transformaciones de este barrio obrero.

—Aquí tenemos cerca la Nabisco, que de 1,200 empleos se deshizo de 600 para llevarlos a México, y pagar más barato sin ofrecer beneficios.

Menciona también la planta de pollos Tyson, en la esquina de avenida 43 y Ashland, en Las Empacadoras. Dice que allí se perdieron posiblemente más de cuatrocientos trabajos.

—Si sumas eso estamos hablando de mil familias de la comunidad que se quedaron sin empleo en los últimos dos años.

La conversación con Atilano fue sostenida en 2016, ocho años después de la crisis hipotecaria en Estados Unidos que repercutió en los mercados financieros de todo el mundo.

—Este es el barrio de todo el Medio Oeste donde más se sufrió. En los mapas se señalaba con un punto rojo las casas que se perdieron, y esta área se veía todo rojo.

Aunque el territorio del suroeste de la ciudad parece vasto y sobrepoblado, Atilano sabe de familias que se han ido a Texas, a Colorado, a la Florida a buscar trabajo.

—La comunidad tiene que organizarse para dar respuesta a los problemas de desempleo, de falta de vivienda.

Yo vuelvo a remontar las calles de regreso a la línea naranja. El tramo de Kedzie, bordeado por un strip mall al oeste y los amplios espacios de carga de Central Steel and Wire, la distribuidora de acero al este, enmarca la perspectiva que corta perpendicular el puente del tren. Como un fantasma deslavado viene a mi memoria la consigna aquella que profiere un activista obrero al final de *The Jungle:* "Chicago will be ours!" La frase desaparece como un eco melancólico entre los camiones de carga.

Subo en la estación Chicago un sábado por la noche. Extrañamente, el tren no viene lleno, es todavía temprano para la muchedumbre alcoholizada. Entro por la segunda puerta y trato de remontar el vagón hacia la primera puerta, donde vi de reojo un conjunto de asientos desocupados, pero la gente que entró por la primera puerta viene en dirección contraria, nadie se interesa por esos asientos y yo tengo que abrirme paso para descubrir la razón: en el tramo que va de la primera puerta al inicio del vagón hay un hombre recostado sobre la hilera de asientos. Envuelto en una ligera manta blanca, el hombre duerme mientras junto a él, un carrito de compra a dos ruedas descansa con sus pertenencias apiladas en bolsas de plástico.

El hombre está encogido y solo ocupa tres asientos, por lo que deja el resto de la hilera y la hilera de enfrente disponibles. Pero la gente se concentra en el extremo opuesto, deja vacía la sección del homeless; como si esta fuera su alcoba y sentarse allí fuera violar la intimidad de sus aposentos.

¿Es pudor o repulsión? Este hombre no expele los humores fétidos que algunos sin acceso a sanitarios —y a veces desprovistos de sus facultades mentales— irradian. El hombre ha creado una zona, una burbuja de luminosidad fluorescente que brilla desierta, fantasmal, en contraste con el apretado resto del vagón. Sin hostilidad ha hecho suyo ese territorio. Un acto desprovisto del ataque olfativo que suele acompañarlo, la manta que lo cubre no está lustrosa ni raída por el uso, uno podría pensar que este hombre ha caído recientemente en dicha circunstancia.

Me acomodo en un asiento disponible entre dos mujeres absortas en su teléfono. Frente a mí, unos estudiantes de la universidad Loyola miran también sus teléfonos.

Cuando bajo en Argyle, el tramo de comedores vietnamitas se ve animado, los olores de cebolla acitronada, los deliciosos efluvios del pho llenan el aire. Hacia la esquina de Argyle y Broadway, fuera del Noodle Tank, bajo los toldos verdes, un homeless vocifera una perorata inentendible y feroz. Del otro lado del cristal los comensales sorben fideos mientras charlan animadamente.

FRANKY PIÑA

Gestora cultural, activista por los derechos de la comunidad transgénero, escritora apasionada del arte y directora editorial de *El BeiSMan*. En Chicago, ha sido cofundadora de revistas literarias como *Fe de erratas, zorros y erizos, Tropel* y *contratiempo*. Es coautora del libro *Rudy Lozano: His Life, His People* (1991). Participó en la antología *Se habla español: Voces latinas en USA* (2000) y *Voces en el viento: Nuevas ficciones desde Chicago* (1999). Editó los catálogos de arte: *Marcos Raya: Fetishizing the Imaginary* (2004), *The Art of Gabriel Villa* (2007), *René Arceo: Between the Instinctive and the Rational* (2010), *Alfonso Piloto Nieves Ruiz: Sculpture* (2014), *Barberena: Master Prints* (2016) y *Raya: The Fetish of Pain* (2017). Actualmente, Piña es copartícipe de La Proyecta: Visibilidad a las desparramadas y sujetas trascendentes de la historia, un espacio de experimentación escritural que exhibe y propulsa el trabajo de las mujeres en el arte, la cultura y la política.

Devenir transmigrante en la Windy City

Habitando la lengua

Soy mexicana, transgénero, lesbiana e inmigrante. Vivo en Estados Unidos y encarno lo que Trump tanto detesta. Pero no nací mujer ni migrante; me hice en el camino y me suscribo a la rúbrica de Sor Juana: "Yo, la peor de todas".

Sé que nací mexicano porque fui parido en territorio mexa. En la escuela aprendí muy poco sobre la educación patriarcal y los héroes que forjaron patria. De heroínas, en cambio, recuerdo a tres: a doña Josefa Ortiz de Domínguez, a mi madre y a Madonna. La primera fue conspiradora e insurgente que se rebeló contra su esposo y el Estado durante los últimos años de la Colonia. A la segunda la admiro porque gracias a su carácter aprendí a sobrellevar el peso del patriarcado durante mi juventud; y a la tercera, le agarré cariño porque, a través de sus canciones, me incitó a explorar mi sexualidad y a perseguir ingenuamente el sueño americano.

Hace treinta años crucé el río Bravo por aire, pero ni en avión alcancé el american dream. Aún así, la vida ha sido generosa, pues he vivido momentos reveladores en esta ciudad de los "Big shoulders".

En aquellos días, la melancolía y la distancia me acercaron al concepto de *patria*. Lejos del terruño, el inmigrante se aferra a su idioma, sus costumbres, su comida, sus memorias y de frente a la otredad se descubre mexicano. Yo no fui la regla ni la excepción. Me sentí y pensé mexicano por primera vez en la Ciudad de los Vientos.

Siguiendo la ruta ancestral migratoria y gracias a los conocidos de los conocidos, comencé a trabajar en una distribuidora de textiles. Ahí conocí a un par de jóvenes de Guadalajara. En pocos días nos volvimos compas a pesar de los pocos referentes culturales que compartíamos. No eran tan lumpen para que les gustara Chico Che ni tan fresas para que les agradará Maná. Sin embargo, al igual que yo, sentían una pulsión extraña por el terruño. Cuando los conocí, recién habían sido reclutados por una ganga. Juraron lealtad a los colores de La Raza como un mecanismo de defensa ante la violencia entre pandillas y frente el acoso de las autoridades. Se tatuaron una L y una R con los colores patrios en el pecho, pero también en la psique. Comunicarse en español los llenaba de orgullo mexa. En el gabacho la lengua materna se vuelve un instrumento de reafirmación y resistencia cultural. "Uno no habita un país; habita una lengua", sentencia Emil Cioran.

Una vez que terminaba el turno laboral en la distribuidora, el Greñas y el Ojitos se lanzaban a conquistar las calles del barrio y yo acudía a la Coalición del Medio Oeste en Defensa del Inmigrante. Con el rabo de horas que le quedaban a mi día, colaboraba como voluntario. Ahí escuché otros testimonios de la experiencia mexicana en Estados Unidos. El fenómeno de identidad del inmigrante me tomó por asalto; con grabadora en mano, llegué a garabatear notas para la publicación *Sin Fronteras*. Mi encuentro con la mexicanidad se dio a través de la vivencia, la pulsión interna y la escritura, y se ha ido complementando con lecturas desordenadas. Sin embargo, por comprender la mexicanidad desde la vivencia escritural, postergué la exploración de mi identidad de género.

Fe de errores y el maldito poeta

Me acerqué a la lectura por casualidad. Mi primo Raúl empezaba a escribir sus primeros relatos. Frecuentaba la biblioteca del barrio y los libros que él iba leyendo los dejaba a mi alcance para que yo también los leyera y me sumara a las conversaciones de sobremesa. Emprendí el hábito de la lectura sin más rigor que el de la intuición. Más tarde, el ocio y las horas muertas me condujeron a un taller literario. Ahí el vino y la testosterona desataban combates más viscerales que literarios. Eso terminó por alejar a las pocas mujeres que deseaban escribir. Creo que sobrevivimos las menos temerosas a la carnicería verbal. Posteriormente, periodistas incipientes y poetas en ciernes comenzaron a pulir sus escritos embrionarios. El autodidactismo se convirtió en mi salvación, pero también en mi talón de Aquiles.

Después de haber leído y comentado algunas obras del boom latinoamericano, una espinita comenzó a rasgarme la epidermis, más no las medias que temeroso vestía bajo los jeans. La literatura del boom me cimbró, me divertía o me encolerizaba, pero no explicaba mi realidad de inmigrante. Necesitaba otras historias que me acercaran a mi inmediatez. Ansiaba escuchar un timbre literario que hiciera eco de los recovecos de las calles de Pilsen. Pero no encontré esa voz del espíritu inmigrante ni en la biblioteca ni en los periódicos del barrio. Ante el desamparo literario, me seguí adhiriendo a ese grupúsculo que escribía en español en esta tierra donde el inglés dominaba.

El taller pasó de ser un alivio al tedio a convertirse en una obsesión compulsiva. Viernes a viernes se fueron acumulando relatos propios y ajenos en la gaveta, y en la primavera de 1992 el taller literario El lugar sin límites dio a luz a la revista *Fe de erratas*. Salió regularmente cada tres meses durante tres años y después de doce números decidimos sepultarla en un acto surrealista en la galería Calles y Sueños. Pero la curiosidad literaria e intelectual seguía haciendo mella y vinieron otras revistas en español menos autocomplacientes: *zorros y erizos, Tropel, contratiempo* y *El BeiSMan*. Ya no solo se publicaba ficción y poesía, sino que se incursionó en la crónica, el artículo, la reseña y la crítica. Los textos del inmigrante autodidacta cohabitaban con los del académico en el exilio; los del poeta maldito con los del maldito poeta malito.

Lo que recupero de aquella época de creación es haberme acercado a las herramientas del lenguaje; afinar el oído; observar los matices del entorno y discurrir apasionadamente sobre letras y letrones.

Mas no solo de pasión se nutre la literatura; también nos hizo falta caminar la milla extra: andar más y brincar menos. Pocos textos en español escritos en aquellas postrimerías del siglo XX trascienden el ojo crítico del tiempo. Cinco lustros después del parto literario de *Fe de erratas,* la producción en español en Chicago ha devenido en una narrativa menos accidentada. Ahora, además de revistas, existe un puñado de editoriales independientes. Tan solo en la última década se han publicado casi una centena de libros en español. Lo que un día fue una literatura improvisada —como casi todo quehacer que emprenden los inmigrantes—, ahora procura ser una literatura propositiva.

Mi terquedad por ejercer el periodismo en español devino obsesión por comprender el pulso de la comunidad mexicana en Chicago. Y más recientemente, sentir el latido de la comunidad cuir. Esta terquedad ha sido uno de los motores que mantuvieron a flote un medio marginal. Durante más de cinco lustros han quedado plasmadas letras, ideas, registros verbales y distintas expresiones artísticas de la comunidad inmigrante.

Un cuarto de siglo después de que llegué a Chicago, puedo afirmar que la "identidad mexicana" no la conforman un conjunto de rasgos culturales estáticos ni estéticos. Más bien, dicha identidad es una expresión líquida tanto en las prácticas culturales como en las letras. La cultura la conforman un conjunto de manifestaciones humanas que están mutando incesantemente. Nada está tallado en piedra. Por ejemplo, la lengua del inmigrante es un río que se enriquece frente al inglés. Su léxico es un surtidor de palabras, sonidos, significados que afloran en un contexto nutrido por dos lenguas en contacto. Chequeraut:

> Luqui no me llamó pa'trás. No le pude decir que wachara las brekas de su troca y es que la babysitter me dijo que arrancó su ranfla y le dio gas con todo en el jaiwey. Se le hacía tarde para lonchar, y yo acá güeyring para que nos fuéramos de chopin y nos hiciéramos las neils.

Las letras se mueven y transforman en ambos lados de la frontera. Lo noté en las viñetas de Nellie Campobello, los cuentos de Juan Rulfo, y también en las páginas de autores de Chicago, como Juan Mora-Torres, José Ángel Navejas y algunos versos de Febronio Zatarain.

Culturalmente, he ido encontrando múltiples manifestaciones de ser mexicana e inmigrante. La mexicanidad en Chicago se ha ido nutriendo de la nostalgia, los estereotipos, la retórica política, pero también está dejando de ser una expresión estereotipada y ha comenzado a gestarse una narrativa propia.

Mientras el inmigrado se adapta al nuevo terruño, asimila rasgos culturales de la otredad. Desde su marginalidad y contexto de extranjero, el mexa se metamorfosea frente a la cultura dominante. Se vuelve un ser fronterizo, a veces apátrida, es un compa sin terruño y, a veces, sin más doctrina que la de ser alguien. Ese golpe de realidad y sus prácticas culturales sostienen al mexicano en el extranjero y le dan la fuerza para transigir la embestida antiinmigrante.

Del contexto político a la construcción de subjetividades

El ser y la humanidad del inmigrante no importan, importa su cuerpo como productor y consumidor de bienes. Importa mientras es mano de obra barata y dócil; mientras contribuye a ensanchar las arcas del Capital. Es una efusión de remesas que beneficia a sus familiares y al Estado. Pero una vez que el inmigrante es desechado, perdón, quise escribir *deportado*, su valor es nimio. Para la patria estadounidense ya fue historia; para la mexicana, también. Decía José Saramago que "una cuarta parte de la población nació para la nada"; el inmigrante mexicano forma parte de esa porción de nadería. Pero su nada la vuelve trinchera y desde ahí resiste a pesar de que el Estado lo ha convertido en chivo expiatorio y botín político.

Inevitable recordar las palabras del magnate de tez mandarina en su primer acto de campaña. Aquel oprobioso 16 de junio de 2015 en el cual dijo que cuando "México manda a su gente, no manda lo mejor... Está enviando a gente con muchos problemas... Están trayendo drogas. Están trayendo el crimen. Son violadores..." Esas palabras redefinieron mediáticamente "los atributos" del mexicano. Se asumió una agenda política xenófoba, nativista y homófoba.

Mientras las fronteras del Capital se globalizan, algunos Estados han levantado muros de concreto, pero sobre todo ideológicos. En las antípodas de las contradicciones, este país lo mismo ha encumbrado los versos memorables de Walt Whitman que el chovinismo retrógrada de Donald Trump. En su paso por la Casa Blanca, Trump ha personificado el testimonio más fiel de la decadencia cultural de un país que no admite que el mundo ha cambiado. Estados Unidos ya no es la potencia que fue después de la Segunda Guerra Mundial; sus contradicciones culturales se han profundizado. Por un lado, su sistema educativo privado pepena los cerebros más sagaces del mundo. Por el otro, su educación pública es un desastre. Según el físico Michio Kaku: "ésta es una de los peores del mundo. La mitad de la población que cursa su doctorado es de origen extranjero". Sin educación, el electorado no es capaz de distinguir la realidad de la ficción, el hecho de la mentira, el reality show del acto político. He conocido a graduados de la Universidad de Illinois, Columbia College o The School of the Art Institute que no comprenden lo que leen ni son capaces de escribir un párrafo legible. Este analfabetismo funcional llevó el trumpismo a la presidencia.

No, Trump no ha sido el único que ha perseguido y forzado al inmigrante al destierro. El récord del presidente Obama lo hizo merecedor del título de Deporter in Chief. El presidente Bill Clinton mandó militarizar la frontera y comenzó la edificación del muro fronterizo en California. En un repaso reduccionista de la historia estadounidense, se dejan entrever cinco columnas que sostienen su democracia de mercado: el exterminio, la asimilación, el encarcelamiento, la deportación y la hipocresía imperial.

La elección presidencial de Trump impregnó el ambiente político con un tufo de supremacía blanca. El racismo también vende. Lucra con la voluntad del blanco pobre y resentido. El blanco clasemediero y el liberal aburguesado no están exentos de su dosis de xenofobia. El racismo es un mal congénito del estadounidense blanco colonizador. Tal vez la persecución actual del inmigrante de tez morena se deba a la idea de que el anglo dejó el genocidio inconcluso durante la expansión del siglo XVIII. Hoy, el rostro del nativo le horroriza al descendiente de aquellos pilgrims que desembarcaron en el norte; y el chiapaneco le recuerda al cheroqui; la hondureña, al semínola; la ecuatoriana, al iroqués; el mapuche al chickasaw.

La revuelta por los Derechos Civiles de las décadas de 1960 y 1970 logró adormecer el racismo en Estados Unidos, pero jamás lo extinguió. Y en pleno siglo XXI Trump recicló el supremacismo blanco y el Make America Great Again. La segregación racial se matiza y ahora los mexicanos viven una neoesclavitud, pero no tan nueva pues para no caer en la amnesia colectiva habría que recordar los linchamientos de mexicanos en el sudoeste durante los siglos XIX y XX. El racismo es parte de su cultura.

Antes de que Trump fuera elegido presidente, el mexicano Jesús, *Chuy*, García obligó a una segunda vuelta electoral al poderoso Rahm Emanuel en la contienda por la ciudad de Chicago, en abril de 2015. La diferencia fue pequeña. El voto mayoritario no fue pro Emanuel sino antimexicano. Una urbe que se jacta de ser liberal también es de las más segregadas del país. De acuerdo a los resultados de la elección, precinto a precinto, ni blancos ni negros concibieron la idea de tener un alcalde inmigrante mexicano. Al paisano se le ve como un trabajador virtuoso que limpia, sirve y obedece con eficiencia, pero el capital, la clase y la xenofobia delinean sus límites.

"La jaula de oro"

Siempre ha sido mi interés registrar los actos de resistencia en las expresiones artísticas de los mexicanos en Chicago. El material existente va en aumento. Si la producción creativa no es más vasta, es porque la comunidad mexicana ha sido violentada constantemente. Los estigmas y deportaciones forman parte de la historia. Se persiguió y deportó al mexicano en la década de 1930. La opresión continuó en la década de 1950. Y la persecución de la administración Trump es brutal e inhumana.

A través de un bombardeo mediático, Trump ha hecho pública su querella contra el mexicano. Ha desatado una cacería étnica. El mexicano de Trump es el arroz prieto en el melting pot latinoamericano. Se persigue al inmigrante del México Profundo, pero también se persigue a la Honduras Profunda, a la Bolivia Profunda, al Puerto Rico Profundo, y todo aquel de tez morena que "hable mexicano": el indígena, la pocha, el mojado, el subalterno, la refugiada, el naco, el chúntaro, la transgénero, el rufero, la mestiza, el yardero, la chola, el busboy, la maid, la déclassé, el donadie, la troquera, el yenitor, la putipobre, el homie, la border, el, la, lxs expulsadxs del american dream que son los que llenan los centros de detención.

El eslogan comercial del sueño americano fue ideado para atraer mano de obra barata. Para los pueblos originarios el american dream siempre fue una pesadilla.

Manuel Gamio opinaba que el migrante mexicano de principios del siglo XX era el golpeado por la hambruna, el expulsado por la violencia de la Revolución, el campesino del interior de la república que perdió sus tierras, el indigente que nació sin fortuna ni gracia: el desplazado económico. El perfil del inmigrante comienza a cambiar a partir de la crisis de 1982. La clase media mexicana emprende su desplome. Golpeada por la recesión y encandilada por la cultura del consumo, salva su estatus social a través de la migración. Como decía Carlos Monsiváis, ésa fue "la primera generación de gringos nacidos en México". Pertenezco a esa clase media que se desmoronó, a la que México le negó la movilidad social. La que perdió casi todo, excepto el acceso a una visa de turista o, en el mejor de los casos, una visa diplomática. Pero con visa o sin visa, la clase media se ha sumado a la fuerza laboral de Estados Unidos y ahora está, igualmente, a expensas de la voluntad política de la administración Trump.

El mundo del inmigrante se desgarra. Vive con la conciencia de ser menos que un arrimado. Es abnegación. Ha padecido ya sobrados golpes; vive en vilo. Cada día tal vez sea su último. Su familia está desquebrajada. Maneja con el Jesús en la boca. Sus sueños pueden quedar varados en cualquier intersección de cualquier pueblo, de cualquier ciudad. Los fines de semana se recluye a la inmovilidad de "La jaula de oro":

> De qué me sirve el dinero
> Si estoy como prisionero
> Dentro de esta gran prisión.
> Cuando me acuerdo hasta lloro
> Y aunque la jaula sea de oro
> No deja de ser prisión.
> ~Los Tigres del Norte

Un conocido mixteco trabajó de mesero en el restaurante Trump Tower de Chicago; cuando el magnate visitaba el establecimiento y se sentaba a la mesa, el manager le pedía a los "empleados de color" que no salieran al comedor. En silencio, esperaban en la cocina.

En la época Trump, todo el que es diferente representa una amenaza a la supremacía blanca. El trumpismo pretende extirpar esa otredad del territorio pilgrim. Basta asomarse a los medios y encontrar fotos de deportados. En su gran mayoría son rostros oscuros que cosechan, transportan, cocinan y sirven los alimentos al anglosajón. Los centros de detención se han llenado de inmigrantes de color; de gente de color van llenos los autobuses de deportados de regreso a la frontera con México; de gente de color se han abarrotado las "jaulas de oro" donde vive la inmigrante que no cuenta, el refugiado que no vale.

El inmigrante mexicano no pisa tierra firme. Nada es firme en su entorno. Todo es poroso como la frontera. Parafraseando al filósofo transgénero Paul Beatriz Preciado, podríamos decir que el inmigrante es un texto. Es escritura y en el proceso de escribirse inventa su subjetividad. Capturar e interpretar esa verdad es una de las funciones de las letras y las artes que a mí me me interesan.

"No se nace mujer, se llega a serlo"

En México yo era otro, en Chicago soy otra. Desde que inicié mi proceso de transición y la terapia de reemplazo hormonal, he buscado interiorizar y observar mis vivencias al ser mujer mexicana, inmigrante y transgénero. He ido hilando mi verdad con letras y actos performativos corporales.

Sé que biológicamente no nací mujer, pero no basta con nacer. "No se nace mujer, se llega a serlo", verbigracia, Simone de Beauvoir. La ausencia de útero no me hace más ni menos mujer. Ser mujer es una construcción social; es una construcción jurídica; es una construcción médica. O sea, es una ficción. Ser es una idea como idea es la libertad. Y las ideas se crean libremente, caen por peso propio y resurgen de las cenizas.

El ser no es estático; más bien es fluido como el agua que lleva el río de Heráclito. Reza una máxima persa atribuida a Shamz de Tabris, maestro de Rumi: "Don't go with the flow, be the flow".

Desde la resiliencia, me deconstruyo y me reinvento, pero no soy la única. Pertenezco a una minoría dentro de una minoría y si algo he llegado a vislumbrar en la comunidad trans, es que siempre existe una tribu más vulnerable de la que somos parte. Nunca llegamos a tocar fondo porque siempre hay un socavón más abajo.

Por años viví convencida de que la comunidad inmigrante era el grupo más vejado del mosaico que conforma la sociedad estadounidense. Reportes y estadísticas lo constataban. Y aunque en el fondo me atraía "la libertad" de las vestidas, ahora mujeres transgénero, nunca reconocí públicamente que era una de ellas. Un vínculo del sentir nos hermanaba, pero ellas iban más adelante en su transición. Yo me rezagué.

En el despuntar del siglo, llegué a entrevistar a no menos de una docena de mujeres trans, incluyendo a la legendaria Miss Kitty, para un documental que nunca vio la luz. Ellas tampoco la veían pues llevaban una vida noctívaga. Habían logrado construirse cuerpos monumentales y para sobrevivir crearon su propio mundo del espectáculo. La sobrevivencia de la mujer inmigrante transexual en Chicago ha estado acotada por un puñado de oficios: show girl, cultora de belleza, prostituta, mula y dealer.

Ser mujer transgénero e inmigrante es vivir constantemente en el filo de la navaja, pero también significa "romper con lo establecido", como lo propone la socióloga transgénero Ariann Manzanares. "Significa saltar los obstáculos impuestos por el Estado, la medicina, la iglesia y la sociedad". Vivir como mujer transgénero también conlleva a "visibilizar la transexualidad en lo político, social y cultural; implica luchar por igualdad de derechos".

¿En qué lugar social, cultural y político se encuentra la comunidad transgénero en Chicago cuando las estadísticas son inexistentes? ¿De qué manera esta comunidad confronta la segregación racial, el clasismo y la ausencia de equidad? La edad promedio de una mujer translatina es de 35 años y de los pocos estudios y encuestas que se han realizado, incluyendo el de National Center for Trangender Equality 2015, coinciden en las siguientes condiciones: sufre acoso y violencia, vive en condiciones de pobreza extrema; padece discriminación en el sector salud; carece de oportunidades educativas; su acceso a la vivienda es limitado.

Desde los privilegios que me rodean como escritora y gestora cultural he escuchado cuantiosos y punzantes testimonios de la comunidad mexicana inmigrante y transgénero. A pesar de la opresión y marginalización no todo es tragedia. No todo es desdicha. La liquidez cultural causa efectos transformativos. No pocas y pocos han ido tomando conciencia. En 2006, aproximadamente cuatro millones de inmigrantes salieron a las calles cuando la propuesta de ley Sensenbrenner pretendía criminalizar a los inmigrantes y a aquellos que les tendieran la mano. La mayoría de ellos eran de origen mexicano.

La conciencia de ser de los mexicanos en Chicago ha vigorizado las artes. Los registros no son cuantiosos; tampoco son pocos. Sobreviven algunos murales de la década de 1980. La obra de Sandra Cisneros ha alcanzado la madurez plasmando literariamente las inquietudes de los hijos de los inmigrantes. Las obras teatrales de Raúl Dorantes han hecho de la inmigración un tratado filosófico; los magníficos claroscuros de Elsa Muñoz dan luz nueva a la plástica; la obra poética de Jorge Hernández es un elogio a la forma y al fondo; las instalaciones de Marcos Raya son irónicas, demoledoras.

El arte es una tabla de salvación, no solo para la comunidad que la produce sino porque tiene la capacidad de aguijonear la conciencia de las otras, de los otros. Y tal vez nos pueda ayudar a trascender el sistema patriarcal opresor y crear narrativas alternas que sustenten un mundo justo, igualitario, equitativo y feminista.

Fiel a mi generación, mi sueño consistía en emigrar, aceptar mi identidad de género y también vivir una vida moldeada a imagen y semejanza de la cultura del espectáculo. Dichosamente fracasé. Ahora que he roto el yugo del clóset, a mi edad solo podría interpretar a Paquita la del Barrio en el drag show de La Cueva. Por fortuna, he comenzado a trascender mi identidad de género; creo que ahora me toca trascender la mexicanidad y dichosamente sumarme al Todo, a la Toda. Mi historia es parte de la historia de la inmigración y va de la mano con la creciente proliferación de la literatura en español en Estados Unidos. Creo que una comunidad perseguida y marginada puede producir textos hermosamente desgarradores, pero plasmados decorosamente. La herida está abierta y el lenguaje está vivo. Quizá ya sea hora de alejarse de la decencia y radicalizar las letras, las artes, y fundar una tribu sin patria ni dogmas.

José Ángel Navejas

Guadalajara, 1973. Llegó a Chicago en 1993, donde ha vivido desde entonces. Su libro autobiográfico *Illegal: Reflections of an Undocumented Immigrant* (University of Illinois, 2014), aparecerá en traducción al español en 2019. En la actualidad es candidato a doctorado en literatura latinoamericana por la Universidad de Illinois en Chicago.

La libertad del limbo

En un sueño reciente aparezco como un joven adulto, formado en una larga cola en la garita fronteriza. Soy el mismo joven que aquel fatídico día, a sus diecinueve años, partiera hacia el otro lado desde su natal Guadalajara. En mi sueño, me veo relajado, seguro de mí mismo, lo cual me inquieta. Incluso en el abismo del sueño, la realidad no deja de pesar en el subconsciente. Quiero gritarme, advertirme, correr hacia mí y desengañarme: de concretarse, el cruce legal que evidentemente estoy a punto de efectuar borraría, en un instante, los últimos 25 años de mi vida y la manera en la que los he vivido. Cortaría, de tajo, el angustioso sueño que en ese momento me agita. Y es que, por más real que me parezca, estoy de cierta forma consciente de que la escena que presencio no es más que algo engañoso e ilusorio. Me sé actor de una realidad paralela: más que al tedioso orden de la burocracia, mi *verdadero* cruce, en su momento, obedece a la azarosa lógica del caos, al pacto con las tinieblas.

Mi sueño, no obstante, se me presenta como una alternativa inocua, una manera de evadir ese incierto horizonte hacia el que me dirijo, ese imperio de sombras, tierra natal y hogar único del indocumentado. Y aun así, en mi sueño me empeño por evitar ese legítimo cruce, que es casi una herejía, una afirmación que es una negación: favorece la vida deseada y desdeña la vida vivida; es una fantasía que redime el presente a expensas del pasado.

Dicha certeza, según la percibo, sería equivalente a un aborto, otro sueño quizá, pero no este en el que tú, lector, y yo, existimos. Sería una realidad más benévola, de identidades falsas, de una vida obrera pero estable, de familias felices, de negocios prósperos, quizá, de carreras exitosas, con un poco de suerte. Sería cualquier otra cosa, pero no lo que a ti y a mí aquí nos concierne: la narrativa clandestina que en este momento nos une, este patético drama, esta condición de sombra que el destino me ha deparado y en la cual ahora tú participas.

Súbitamente, como suele ocurrir solo en los sueños, mi vista se desplaza a una velocidad vertiginosa hasta alcanzar a ese joven, ese joven que soy y que no soy yo. Soy él porque mi rostro y mi físico así lo confirman. No soy él porque en su tranquilidad y en su confianza me desconozco. Me desconozco, sobre todo, en ese extraño ejercicio en el que se encuentra absorto. Ese joven que soy y que no soy está entregado a la lectura, lo cual es algo completamente ajeno a mí, una actividad que, en el medio del que provengo, se ve siempre con suspicacia, e incluso con desdén: una cosa inútil y ociosa, propia de holgazanes y desobligados sin necesidades económicas de que preocuparse ni asuntos imperiosos que atender.

Ese joven que soy y que no soy cierra el texto que tiene en las manos y entonces veo el nombre del autor, Octavio Paz. La cola es larga todavía, así que el joven mete al patriarca de la literatura mexicana en su mochila y saca otro libro, éste con un título en inglés: en la portada aparece la fotografía de un joven moreno, de torso

148

desnudo y un tatuaje caricaturesco en la frente. En ese momento, desde el sueño que controla la escena, lo recuerdo: es un libro que abre también describiendo un sueño, un complejísimo sueño lírico donde razas y lenguas y culturas se buscan, se cortejan y se entrelazan. Conforme el joven avanza confiado con su falsa identidad hacia la garita, el sueño comienza a borrarse y yo despierto con una sensación incómoda, con una firme convicción de que en ninguno de esos dos libros me reconozco, o —como en ese joven de mi sueño— me reconozco solo a medias. Despierto, y lo hago con la convicción de que ni el cruce legal y ni ninguna de esas dos narrativas me pertenecen ni me definen: lo que me pertenece, lo que me define es la incertidumbre, mi renacer en las penumbras.

⌒⌒⌒⌒

Muchos años después de mi cruce real, de mi cruce clandestino, me encuentro en un aula universitaria. Cuando me reintegro de nuevo a la educación formal tengo ya casi 30 años de edad. Pero decir que me reintegro es ya una exageración. Sin que en ese momento exista siquiera plan ni intención alguna de recibir a los jóvenes indocumentados en las universidades estadounidenses, yo, un adulto hecho y derecho, ingenio mi propia entrada. Más que parte del sistema estadounidense, me convierto en un infiltrado en sus aulas, un testigo de su elevado salto intelectual, un polizonte en su sublime vuelo espiritual, un espía de sus indomables giros lingüísticos, un Calibán en potencia.

Me cuido de entablar amistad alguna con mis compañeros, que no solo sería algo incómodo, sino imposible. De todo el estudiantado, me separa la edad, el color de piel, el idioma, la cultura toda. Me siento, entre ellos, como una bestia rara. Mas pronto descubro que lo verdaderamente raro es esa muy mexicana suspicacia mía, ese permanente e innato estado de alerta, primera línea de defensa y supervivencia del mojado. Ellos, por su parte, ni siquiera notan mi presencia o, si la notan, la ignoran. O, peor aún: ven mi presencia entre ellos como la cosa más normal del mundo. Esta última posibilidad es algo que me reconforta y me confunde: ¿cuál sería la reacción de los afortunados jóvenes mexicanos si descubrieran, en sus aulas universitarias, que un gringo mayor se ha colado entre ellos?

En ese momento, no es el sueño americano, sino un ajuste de cuentas lo que busco, incluso si no puedo todavía articularlo, o siquiera imaginarlo. En mi imaginación, más bien, esa improbable incursión toma la forma de una fantasía. Entro, como Alicia en la madriguera, sin pensar siquiera en cómo podré salir de ahí. Entro en aquella aula sin plan alguno. Soy una persona sin rumbo, guiado más por curiosidad que por ambición alguna.

Cosa rara, la curiosidad. Sobre todo en el contexto escolar que instruyó mis primeros años. Para mis maestros mexicanos, por ejemplo, la curiosidad no era una virtud que había que fomentar, sino un vicio que había que cortar de tajo. Para ellos, profesionistas encargados de adoctrinar mentes infantiles con principios arcaicos, lo importante era el rigor, la severidad, la disciplina. Tanto así que mi recuerdo de los momentos más notables de mi paso por el sistema educativo mexicano es este: en primer año, la espartana disciplina de la maestra Coti hizo que me cagara en los pantalones; en tercero, la regla del maestro Silvestre se estrelló en numerosas ocasiones contra las palmas de mis manos; en el primero de secundaria, el borrador del Maní hizo lo propio, pero contra mi frente, corroborando, en cada lanzamiento, la legendaria puntería de su talentosa mano derecha; y, el próximo año, el Mambo no dejó nunca de recordarme que la mía no era más que una cabeza hueca.

¿Qué pensarían todos ellos de mí ahora, si acaso se tropezaran con estas líneas? ¿Qué inquietud, qué reflexión les merecería yo, que en sus aulas nunca fui más que una imposición y un estorbo? ¿Qué pensaban entonces, enfrascados como se encontraban en esa dialéctica del señor y el esclavo, no a un nivel teórico sino estrictamente punitivo? ¿Qué los llevó a renunciar a ese privilegio casi sagrado de formar mentes y entregarse, en lugar de eso, a un primitivo instinto? Quizá no eran más que maestros castrados, concluiría Enrique Dussel, dedicados, a su vez, a castrar a sus discípulos.

Pero mis educadores fueron perspicaces y efectivos. Recibieron en sus aulas a un niño sin talento ni futuro, y se esmeraron en canalizarlo por el laberinto de la burocracia educativa. Rousseau lamentaba que su siglo se había enfocado más en destruir al hombre que en cultivarlo. A finales del siglo XX, en México, ese fenómeno se había recrudecido: no era ya cuestión de reprimir la humanidad del hombre, sino de suprimirla desde la infancia.

Y así, de mis años párvulos en el sistema educativo mexicano, rescato dos cosas: un alfabetismo rudimentario y un genuino desagrado por la vida intelectual. ¿Qué hacía yo, pues, de regreso en un aula, en un aula estadounidense, casi a los treinta años de edad, buscando en una lengua extranjera lo que en la mía se me había negado?

Buscaba acceso, oportunidad.

Buscaba, quizá, la aventura. Pero no me engañaba: la mía no podría ser la aventura que el privilegio posibilita, sino la que la carencia impone. No buscaba una épica que desatara mi imaginación, sino una narrativa que me anclara en la experiencia. Buscaba entenderme. Buscaba entender mi recorrido que, lejos de obedecer el puntual itinerario del turismo intelectual, como el de Francisco Hinojosa en Pilsen, seguía la pauta del desplazamiento económico.

Buscaba libertad.

Una de las principales lecciones de mi vida en Chicago, ahora lo entiendo, ha sido aprender a vivir presa de la ironía. Saber que, por mayor que sea el deseo que en cierto momento me impulsa, una fuerza mucho mayor y juguetona está siempre al acecho, una fuerza que rige y conduce mi vida toda.

Ahí está, por ejemplo, mi vida de desplazado económico: llegar a este país salivando riquezas y terminar entregándome a este burgués placer de la escritura; verme reflejado en alguna amarillenta y olvidada página donde la fortuna aparece, seductora y frágil: una ilusión que primero brilla y luego se deshace; llegar a Chicago como un joven entusiasmado y terminar convertido en un viejo amargado y escéptico; y, dentro de esta fantasía capitalista, aceptar la invitación, reinventarme, entrarle a la dialéctica, a este hipócrita y perverso juego, este claroscuro trasfondo que me ilumina, que me niega y que me ofusca al mismo tiempo. Saber que las decisiones que he tomado —aprender inglés, retomar mi educación formal, renunciar al llamado sueño americano, reinventarme, infiltrarme, por medio de un fantástico giro, en estas líneas— pude bien no haberlas tomado nunca, en cuyo caso ni estas páginas existirían, y ni tú, lector, ni yo seríamos. Pero la cuestión es que somos ¿o no?, y los universos hipotéticos viven mejor en mentes menos contaminadas, más fantasiosas, en teclados más capaces.

¿Pero qué significa, este asunto de existir, este afán, esta inquietud, este cosquilleo ontológico? Después de todo, volverse anónimo, ¿no es también una forma de existir? Por más oscura que sea, una vida clandestina sigue siendo, al fin y al cabo, una vida. Pero desaparecer, ¿puede también ser una forma de vivir?

En retrospectiva, creo que esa fue mi lógica al llegar a Chicago hace un cuarto de siglo: ser, ser como los demás para desaparecer entre ellos. Como un criminal que se sabe perseguido, busqué insertarme en la muchedumbre y ahí, en el anonimato, encontrar mi refugio, establecerme, echar raíces. ¿Y qué otra manera de hacerlo sino comenzando desde el inicio, familiarizándome con los principios básicos de mi nuevo hogar, es decir, empapándome de su cultura, dejándome seducir por su lengua para así, algún día, domarla?

Si bien al principio mi deseo de aprender inglés, de hablarlo con fluidez nativa, fue motivado por razones puramente pragmáticas, con el tiempo me di cuenta de que, entre mejor la blandiera, esta nueva lengua mía me abriría paso, no con el amenazante filo del acero, sino con el familiar susurro de lo cercano. Mi dominio del inglés haría de mí una persona menos visible. Por medio de un evento paradójico y misterioso, mi soltura me volvería invisible ante los ojos de los demás. Sería, así, una persona menos conspicua. ¿Y no era esta, para un indocumentado, una estrategia valiosa, casi idónea?

Un plan, a todas luces infalible, siempre y cuando no se tomen en cuenta las dificultades para aprender el lenguaje coloquial, el acento, los matices y la textura del idioma, que viven, florecen y se expanden en el mundo real, pero que languidecen, se marchitan y mueren en la sombra de las aulas. Y así, en mi triste inocencia, me persuadí yo de que algunas horas de instrucción básica me redimirían: de manera mágica, cuatro horas diarias de aprendizaje de vocabulario, conjugaciones, ejercicios sintácticos y recreación de situaciones hipotéticas me ayudarían a pasar desapercibido en el mundo concreto.

Eso, se entiende, ocurriría cuando tuviera, al fin, la oportunidad de aproximarme a "ese" mundo, el mundo que yacía más allá de mi realidad cotidiana, de mis obligaciones laborales de ser marginal. Cuando pudiera, por fin, librarme de los candentes vapores de la máquina lavaplatos, mi única y leal fuente de ingresos. Me libraría no solo de ese menospreciado oficio, al que yo le debo años de subsistencia, sino de las imperiosas exigencias de los cocineros. Los cocineros, esa pintoresca cofradía que, durante las noches de mayor concurrencia en el restaurante, no dejaban nunca de espolearme, así como mi bisabuelo lo hiciera con su único burro y fiel compañero: ¡Platos, más platos, en chinga cabrón!

Llegado ese momento, como el esclavo afroamericano de antaño, me colaría, de nuevo, por la puerta trasera, para luego materializarme ahí, donde nunca nadie me había llamado, en ese lugar cuya holgada existencia era posible, en gran parte, gracias a mi invisible presencia. Entonces sonreiría amablemente y diría, en un afectado acento: Yes?

Ese era, en suma, mi plan: un lento y sigiloso avance desde las antípodas de la sociedad estadounidense hacia su centro. No ambicionaba, por supuesto, las luminarias. El mío era, más bien, un plan de supervivencia básica. Y si algo de deshonesto puede en él advertirse, es porque su objetivo era encubrir el pecado capital del mexicano pobre en este país: la violación flagrante de su soberanía. Mi fantasioso manejo del inglés me ayudaría a sepultar esa transgresión, a mofarme impunemente de esa abstracta noción de integridad territorial que no sirve sino para engalanar el discurso oficialista a la vez que oculta, explota y desecha la mano de obra barata y la población clandestina que la provee, de la cual entonces yo era, y sigo siendo, parte. Poseer la magia del idioma me concedería las cualidades de un ser espectral: cuando así lo quisiese podría ser parte de un alegre convivio urbano, para luego regresar, desaparecer de nuevo en la penumbra de la gran noche indocumentada.

O por lo menos así concebía en ese entonces mi relación con mi nuevo hogar. Imaginaba un intercambio recíproco y justo: mi buen manejo del idioma local se traduciría en una fácil asimilación social la cual, a su vez y en un futuro no necesariamente previsible pero certero, desembocaría en una integración plena con la resolución favorable de mi situación legal.

Esto último estaba, por supuesto, fuera de mis manos. Lo que a mí me correspondía, lo que podía controlar, eran los aspectos más cercanos de mi vida, es decir, mis prioridades, que, en ese entonces, gracias a un descubrimiento que puso mi mundo de cabeza, habían cambiado de manera radical. Fue un descubrimiento de lo más fortuito que, sin embargo, transformó mi vida por completo. En el iluminado sótano de un edificio público en un suburbio de Chicago descubrí algo que México y su fallido sistema educativo me habían negado, o simplemente no habían hecho esfuerzo alguno por mostrarme: el embrujo de la lectura.

Y ese es, en breve, el mayor beneficio que he recibido de Estados Unidos: que transformó mi desmedida ambición por el dólar en un amor genuino por la lengua.

Esta transformación, que mucho tiene de paradójico y absurdo, ¿cómo explicársela a mi madre, a quien le había prometido construirle un segundo piso en su casa en los márgenes de Guadalajara? ¿Cómo convencerla de que, en lugar de la solidez del ladrillo, de los castillos, del hormigón y la mezcla que fortalecieran el asentamiento que ella llama casa tendría que conformarse con la abstracta mutación de su hijo? A lo largo de 25 años contemplaría, a la distancia prescrita por el sistema legal estadounidense —y luego ficticiamente reducida por Skype—, mi metamorfosis: de lavaplatos a estudiante de inglés; de busboy a estudiante de preparatoria; de mesero a estudiante universitario; de egresado a fallido empresario; de traductor profesional a desempleado; de esposo y amo de casa a autor; de anónimo mojado a conferencista; de vivir presa y sin voz en esta ciudad a ofrecer ponencias en cámpuses de costa a costa de Estados Unidos, y hacerlo desplazándome de un aeropuerto a otro, disfrutando impunemente al pasar frente a las narices de los oficiales de aduana sin poder contener una burlona sonrisa en mis adentros; de haber sido un párvulo desdeñado por sus maestros, un desertor escolar a los doce años, a ser aceptado como estudiante de doctorado en las universidades de McGill y British Columbia, ambas parte del Ivy League canadiense; y, por último, dejar caer el telón de esa fábula canadiense, sin haberme movido ni un centímetro de una realidad más cercana, más mía: mi supervivencia en Chicago, en cuyas calles me he formado y en cuya universidad pública, UIC, me he nutrido y transformado.

Tendría, supongo, que tratar de persuadir a mi madre —y ahora a mi esposa y a mi hija— que, como todo, hasta la historia más abyecta, es parte de la vida, no es imposible reducirla a un puñado de páginas, incluso a unos cuantos párrafos. Y así, sin más herramientas que el lenguaje y la experiencia, mi único consuelo en este prolongado limbo ha sido reinventarme, reimaginar mi relación con el mundo que me ha tocado, con el papel que se me ha asignado. Mi verdadera vocación, ahora lo entiendo, es sortear los muros que constantemente se erigen frente a mí, encontrarles las grietas, colarme por ellas.

Asumir, por así decirlo, el absurdo teatro de mi destino.

Soy, por citar a Richard Rodriguez, la víctima cómica de dos sociedades desquiciadas: expulsado de una por el abismo de su desigualdad económica, y desairado en la otra por su flagrante hipocresía moral.

Tendría que explicarle a mi madre la mayor paradoja de mi vida: que México no supo educarme y me mandó, muy de niño, al trabajo; y que Estados Unidos, después de ofrecerme una educación superior en todo sentido ya como adulto, me niega, ahora, el trabajo.

A veces, extraviado en este tipo de cavilaciones, dudo de ser un hombre de carne y hueso. Me siento, más bien, como la jocosa creación de un autor perverso. Soy, en su juego, en la dimensión irónica a la que me ha confinado, un personaje condenado a seguir reviviendo y *reinventando* el sueño referido al inicio, actuando la única historia que me pertenece en la única realidad en la que existo, una historia circular que debo repetir *ad nauseam:*

Ensayé: llegó mi redención. Me dije, también: mi vida es una geografía ascendente. Sí —escribí— una geografía dantesca a escala patética: México, Estado Unidos, Canadá. Después reparé en la naturaleza religiosa de esas metáforas, y eso me disuadió. Recordé entonces que todo instante está preñado de posibilidades, y que la decepción y la ironía son traviesas gemelas y que un instante les basta para abatirnos o encumbrarnos.

El trasfondo es este: un joven adulto que entra a Estados Unidos como indocumentado. Un joven que, además, vio su educación formal truncada a la edad de doce años. En Chicago pasará años fogueándose en diferentes ocupaciones propias a su extracción social: en cocinas, en fábricas, o podando verdes e interminables yardas bajo el atroz sol del verano. Su vida en ese entonces lo satisface. Es decir, tener empleo —así entiende esa rápida sucesión de ínfimas labores— lo mantiene contento. Solo algo lo inquieta desde su llegada. Por un lado, sabe que realizar esa ambición —aprender inglés— lo ayudará a comunicarse mejor cuando no esté trabajando o en casa. Y, por otro lado, sabe también que esa extraña y nueva lengua puede ser innecesaria. Sabe, por innumerables ejemplos que ve a sus alrededores, que es posible llevar una vida cómoda y próspera sin someterse a los calvarios que el aprendizaje del inglés seguramente impone.

Obedece su instinto y aprende inglés. Al mismo tiempo cursa la prepa (el término "high school", está convencido, carece de glamour), y son esos sus mayores logros y en ellos se regocija.

Pasarán años para que pueda vislumbrar una nueva idea. Su realidad, su vida concreta, esa condición de sombra que asumió al irrumpir en la profunda noche estadounidense, no ha cambiado. Los modestos logros que alcanzó en sus primeros años como migrante no han logrado arrojar luz alguna sobre el imperio de penumbras en que habita. Había aceptado el reto creyendo que así progresaría. El tiempo, estaba seguro, le daría la razón.

Pensar así era inevitable. Lo que no era inevitable era pensar en metáforas, pero de todos modos lo hacía. En ese entonces estaba lejos de saberlo, de sospechar siquiera los vínculos emotivos que establecería con ese nuevo lenguaje, ese idioma prestado, esa lengua indómita en la que ahora trastabillaba. No conoce aún el misterioso placer de la lectura, y si alguien le dijera que algún día llegaría a sentir un profundo amor por la palabrería contenida en libros con apellidos como Bacon, Hume, Gibbon, Johnson, Carlyle y Emerson y Thoreau y Coetzee, lo más probable es que se hubiese carcajeado en la cara de su interlocutor. Hubiera respondido, seguro que hubiera respondido, ¡no mames, güey! Pero nadie había en su entorno que pronunciara esos nombres, y las metáforas que se le ocurrían tenían una inocencia anterior y posterior a la lectura; eran infantiles o hollywoodenses, y por ende doblemente agradables.

La metáfora que más le ronda en la cabeza, la que más le gusta e inquieta, es la de una antorcha. Sostenida en su mano derecha, la antorcha lo guía desde unas profundidades oscuras e insondables hasta el seno de una sociedad que ahora todavía ignora su existencia. Esa antorcha, está claro, es su nuevo idioma.

Ya pasado mucho tiempo, este joven se da cuenta que se dejó seducir por un espejismo. Y por una gran ironía: los logros de los que se ha ufanado por años —ahora lo sabe— no son sino el equivalente a la educación básica del país en el que ahora radica.

Hasta aquí no hay, en esta historia, nada de especial. Un desengaño, si se quiere, pero nada más. Los verdaderos aprietos llegan después, cuando este joven comienza a ver con recelo a los universitarios y se pregunta, ¿qué los distingue de mí? Mejor hubiese sido no indagar así. Pero su curiosidad se agudiza: ¿qué hacen ellos que no pueda hacer yo? Y así, por medio de un inocente juego mental que se extiende varios años, un buen día decide solicitar ingreso a la universidad. Total, qué podría perder. Después espera, con anticipada resignación, recibir noticias, que ciertamente serán malas y definitivas. Una carta que dirá: rechazado. Pero en lugar de eso recibe una calurosa misiva de bienvenida. Vuelco inesperado en su vida, su ingreso a la educación superior pronto sacudirá su mundo.

Una fotografía de sus primeras clases lo hubiera mostrado cómodo y estable en su pupitre, pero sería una imagen engañosa, pues él se sabe al borde del precipicio. En su primera clase, Platón lo cuestiona, lo encabrona, lo estremece. Con Platón, su mundo se enriquece, se degrada y se complica.

Posteriormente, su vida dará lugar a una sucesión de ironías: la universidad, a la que ingresó ya tarde en su vida, en lugar de cursarla en cuatro años, la termina en tres; su español, que ha sufrido enormemente, se vuelve el enfoque de sus estudios de posgrado; no habiéndose atravesado con la lectura sino casi hasta los treinta años, escribe un libro en su lengua adoptada; habiendo llegado sin más que una precaria y básica educación mexicana a Estados Unidos, dos Ivy Leagues canadienses lo becan para que realice en ellas un doctorado.

Y así regresamos a nuestro tema inicial: más de media vida hurgando en las penumbras debían haberme enseñado ya que la vida indocumentada es un limbo perpetuo, y que la esencia de esta trinidad norteamericana es el absurdo, y que en este peregrinaje mío algo hay de demencial, de demoniaco y dantesco, pues para cambiar una eterna primavera por climas fríos y éstos por prolongados inviernos árticos hay que estar trastornado, o ser un poseído, o hay que estar colmado de esperanza.

Sí, la esperanza, que siempre muere al último.

Después escribí: México rechazó mi juventud; Estados Unidos me enseñó a ser hombre, pero solo Canadá me devolverá la dignidad.

Y en seguida ingerí el placebo. Lo increíble, pues, fue haber admitido la posibilidad, sucumbir ante esa infusión de optimismo contra el cual ya debía ser inmune.

El teléfono sonó. La funcionaria canadiense comenzó a indagar sobre mi estado migratorio en Estados Unidos. Perpleja ante mi respuesta, se despidió deseándome suerte.

Y ya no hubo necesidad de más, pues entonces comprendí mi condición de paria, de ser detestable e irredento. Y me dije: este melodrama norteamericano es digno de una telenovela, de una parodia divina. Y, plagiando descaradamente un lema pandilleril, escribí un tentativo título: *Una vez mojado, siempre mojado.*